तसलीमा नसरीन की कविताएँ

तसलीमा नसरीन की कविताएँ

तसलीमा नसरीन

अनुवाद

मुनमुन सरकार

वाणी प्रकाशन

वाणी प्रकाशन
4695, 21-ए, दरियागंज, नयी दिल्ली 110 002

शाखा
अशोक राजपथ, पटना 800 004

फ़ोन: +91 11 23273167 फ़ैक्स: +91 11 23275710

www.vaniprakashan.in
vaniprakashan@gmail.com

TASLIMA NASRIN KI KAVITAYEN
by Taslima Nasrin
Translated by Munmun Sarkar

ISBN : 81-7055-348-2
Poetry

संस्करण 2002
आवृत्ति 2012
मूल्य : ₹ 200

मेहरा ऑफ़सेट, नयी दिल्ली-110002 में मुद्रित

वाणी प्रकाशन का लोगो मक़बूल फ़िदा हुसेन की कूची से

ज़ंजीरें–
तोड़ी हैं मैंने
पान के पत्ते से हटा दिया है
संस्कार का चूना।

क्रम

इन कविताओं का अनुवाद

एक भाषा की कविता का दूसरी भाषा में अनुवाद बहुत सहज नहीं है, क्योंकि गद्य की तरह कविता का निपट भाषान्तर नहीं हो सकता। एक तो हर भाषा की अपनी ख़ास अभिव्यक्ति-भंगिमा और जातीय स्वभाव होता है, दूसरे कवि का भी अपना ख़ास काव्य-स्वभाव और अपने ढंग की अभिव्यक्ति-भंगिमा होती है। कविता को अनूदित करने में इन बातों पर ध्यान रखे बग़ैर शायद एक भाषा के कवि को दूसरी भाषा के पाठकों तक बेहतर ढंग से प्रस्तुत नहीं किया जा सकता। दूसरे शब्दों में यह कह सकते हैं कि कविता का अनुवाद करना भी अपने आप में एक सर्जनात्मक प्रक्रिया से होकर गुज़रना है।

उदाहरण के लिए यदि कोई कवि ख़ास तरह का शिल्प या छन्द वगैरह अपनाता है, कुछ ख़ास लहज़े और मुहावरे हैं उसके, स्थानिकता है, तो इन सारी विशेषताओं को अनुवाद में बनाये रखने की कोशिश करनी पड़ेगी। वरना वह सतही और सपाट भाषान्तर होकर रह जायेगा।

इन कविताओं के अनुवाद में बराबर यह कोशिश रही है कि कवि का कथन और उसके कहने का अंदाज़ यथावत प्रस्तुत किया जाये।

—मुनमुन सरकार

चरित्र

तुम लड़की हो,
यह अच्छी तरह याद रखना
तुम जब घर की चौखट लाँघोगी
लोग तुम्हें टेढ़ी नज़रों से देखेंगे।
तुम जब गली से होकर चलती रहोगी
लोग तुम्हारा पीछा करेंगे, सीटी बजायेंगे।
तुम जब गली पार कर मुख्य सड़क पर पहुँचोगी
लोग तुम्हें बदचलन कहकर गालियाँ देंगे।

तुम हो जाओगी बेमानी
अगर पीछे लौटोगी
वरना जैसे जा रही हो
जाओ।

बचो-बचो !

तुम्हारे पीछे कुत्तों का झुण्ड लगा है
ध्यान रखना, कुत्तों की देह में होता है रैबिस।
तुम्हारे पीछे मरदों का झुंड लगा है
याद रहे,
सिफलिस।

पहचान

उसे मैं जितना पुरुष समझती थी
उतना वह है नहीं,
आधा नपुंसक है वह
आधा पुरुष।

जीवन बीत जाता है
आदमी के साथ सोते-बैठते
कितना जान पाते हैं आदमी की असलियत ?
इतने दिनों से जैसा सोचा था
ठीक-ठीक जितना समझा था
वैसा वह कुछ भी नहीं,
दरअसल जिसे पहचानती हूँ सबसे ज़्यादा
उसे ही बिल्कुल नहीं जानती।

जितना मैं उसे समझती थी इन्सान
उतना नहीं है वह
आधा जानवर है वह
आधा आदमी।

शुभ विवाह

मेरी ज़िन्दगी पर
नदी-पाट पर कब्ज़ा करने की तरह
कब्जा किये हुए है एक वहशी पुरुष।
मेरा शरीर उसने चाहा है अपने अधीन।
जैसे चाहे मुँह पर थूक सके। गाल पर थप्पड़ जड़ सके
और नितम्बों पर काट सके चिकोटी।
मनमर्जी कपड़े-लत्ते उतार
मुट्ठी में ले सके नग्न सुन्दरता।
चाहे तो नोंचकर फेंक सके आँखें
जी में आये तो बेड़ियाँ डाल दे पैरों में
इच्छानुसार निर्विकार चाबुक चला सकता है
मन हो तो काट ले हाथ, हाथ की उँगलियाँ।
चाहे तो कटे पर छिड़क सकता है नमक
आँखों में डाल सकता है पिसी मिर्च की बुकनी।
इच्छा हो तो कटार से रेत कर काट सके जाँघें
चाहे तो फाँसी पर झुला दे देह।

मेरा दिल उसने चाहा है अपने कब्ज़े में
ताकि उसे प्यार करूँ
रात के अकेले कमरे में

दुश्चिन्ता में निद्राहीन
खिड़की की सलाखें पकड़े इन्तज़ार में रोऊँ।
आँसू से गूँधकर तैयार रोटियाँ सेंककर रखूँ,
उसकी बेशर्म देह का पसीना
पान करूँ अमृत की तरह।
उसे प्यार कर गल जाऊँ सुनहरी मोम की तरह
किसी मर्द की तरफ आँखें उठाकर न देखूँ
आजीवन देती रहूँ सतीत्व का प्रमाण।
उसे प्यार करते हुए
किसी चाँदनी रात में भयानक उन्माद में
मैं कर लूँ आत्महत्या।

सस्ती चीज़

बाज़ार में इतना सस्ता और कुछ नहीं मिलता
जितनी सस्ती मिलती हैं लड़कियाँ।
वे आलता की एक शीशी पा कर मारे खुशी के
तीन दिन बिना सोये बिता देती हैं।

वदन में लगाने को दो साबुन
और बालों के लिए खुशबूदार तेल पा कर
इस क़दर बस में आ जाती हैं कि उनकी देह का गोश्त निकाल कर
हफ़्ते में दो बार हाट-बाज़ार में बेचा जा सकता है।
एक नथनी पा कर वे सत्तर दिनों तक पाँव चाटती रहती हैं
और एक साड़ी मिल जाने पर पूरे साढ़े तीन महीने तक।

घर का मरियल कुत्ता भी ज़रूरत पड़ने से भौंक उठता है
लेकिन सस्ती लड़की के मुँह में एक 'क्लिप' लगा रहता है
–सोने का क्लिप।

डर

मुझे किसी ने पार नहीं होने दिया मैदान
जितनी बार मैं दौड़कर गयी–आधी दूरी तक
अचानक पीछे से कपड़ा पकड़कर खींचा उन लोगों ने
डराया–
सामने खन्दक में पसर कर सोया हुआ है चीता
पीपल से लिपटा हुआ है पीला ज़हरीला साँप
मैं भोली लड़की, कितना रोयी थी !

मैदान के उस पार थी रानी पोखर, गुलमोहर का बगीचा
मैदान के उस पार था सफ़ेद कबूतरों का झुण्ड, तितलियाँ
मैदान के उस पार थे सफ़ेद-सफ़ेद
औचक नक्षत्र की तरह
दिखनेवाले जुगनू

दैत्य और दानव की कहानी सुनते हुए सोयी
स्वप्न में नीलरंगी पतंग के बदले
देखती रही चुड़ैल के पाँव, दानवों का देश।
बड़ी होते-होते, अब कितनी बड़ी हो गयी हूँ !
फिर भी मुझे इत्ता-सा कमरा पार नहीं होने देते वे लोग
अब स्वप्न में नहीं, जागते हुए देखती हूँ चन्द्रबोड़ा साँप
देखती हूँ कीड़े-मकोड़े, राक्षसों के घर, जंगली भैंसे

घर से बाहर निकलकर मैं आकाश नहीं देख पाती।

लेन-देन

तुमने मुझको ज़हर दिया है
और मैंने तुमको ?
प्यार की गागर
उँड़ेल-उँड़ेल दी है तुम पर।

सीधी-सादी बात

'एक्स' नामक एक क्रोमोज़ोम चलते-चलते
एक और 'एक्स' नामक क्रोमोज़ोम के शरीर से जा लगा,
वह 'वाई' नामक क्रोमोज़ोम के शरीर से भी सट सकता था।
'एक्स' और 'वाई' के बीच कोई बुनियादी फ़र्क नहीं है,
जैसे 'ए' और 'बी' में नहीं है, या 'आर' और 'एस' में।
'ए' और 'बी' कोई किसी से कम नहीं, 'ओ' और 'पी' में
किसी का वज़न या आयतन किसी से कम नहीं
वैसे ही 'एक्स' और 'वाई' में कोई किसी से कम नहीं।

'एक्स-एक्स' से जन्म ले रहा है मनुष्य
जन्म ले रहा है 'एक्स-वाई' से भी।
एक-दो शारीरिक भिन्नता के अलावा दोनों में कोई फर्क़ नहीं।
दोनों हँसते हैं, रोते हैं, खाते-सोते हैं। वे धीरे-धीरे
मानवीय दोष-गुणों से विकसित होते हैं–बड़े होते हैं।
दोनों में कोई किसी से कम अर्थवान नहीं।

काट-छाँट होने की कोई वजह नहीं, फिर भी एक ने
अपने हिस्से जल्दी से रख ली गद्‌दीदार कुर्सी,
बिस्तर का मोटा गद्‌दा, जायदाद का अस्सी फीसदी हिस्सा और
मछली का माथा।

और दूसरे के हिस्से रह गयी जूठन और काँटा, रह गयी
सस्ती आलता की शीशी और खुशबूदार केश तेल।

'एक्स' और 'वाई' के बीच अस्सी और बीस, ऊँच और
नीच, ज़्यादा और कम की कोई तुक नहीं। फिर भी
'एक्स' के कन्धे पर चढ़कर बैठा है 'वाई', वह खुशी से
पाँव हिला रहा है, सीटी मार रहा है, बग़लें बजा रहा है।
एक्स के कन्धे पर घाव, एक्स की जाँघों में दर्द, कमर में चोट।
आँखों के सामने यह असमानता देख रहे हैं सभी। फिर भी
कोई कुछ नहीं बोलता। हमारी जुबान कटी है, होंठ सिले हैं,
हमारे हाथ बँधे हैं, पैरों में ज़ंजीर है।

हम सब क्या कोई कभी कुछ नहीं बोलेंगे ?

मान-अभिमान

पास जितना आ सकी हूँ, यह भी समझ लो
दूर उससे भी ज़्यादा जा सकती हूँ मैं।
जितना प्यार लिया है लपक कर
उससे भी ज़्यादा निगल सकती हूँ हिकारत।

औरत का जन्म और प्रतिभा का पाप लिये
हर रोज़ नियत चट्टान हटाकर चलती हूँ।
अथाह निषेधों में डूबती-उतराती बहती हूँ,
मेरा कौन है सिवा मुझ अकेले के ?

पालतू कवि

कोई शौक़ से पंछी पालता है
तो कोई कुत्ता।
और मैं एक क़दम आगे बढ़कर
अपने घर में शौक़ से एक कवि को
पाल चुकी हूँ।

पंख नहीं हैं, फिर भी वह उड़ान भरेगा।
केशर जैसा कुछ नहीं
फिर भी वह गर्दन के रोएँ फुलाकर खड़ा होगा।
खाना देती हूँ,
सीने में समेटकर कहती हूँ–सो जाओ।
कवि क्या सोता है ?

बिल्ले के नरम पंजों में निकलते हैं पैने नाखून
नोच-खसोटकर मुझे ही
करते हैं ज़ख़्मी, लहूलुहान
चमगादड़ की तरह लटका रहता है मेरी ही पसलियों से
कवि क्या सोता है ?

इससे तो अच्छा है कुत्ते पालना

धूर्त है सियार, वह भी पालतू हो जाता है
दूध-केला खिलाकर बड़े लाड़-प्यार से
पाला है एक कवि को इतने समय तक
वही कवि आज मुझे पंजा मार-मार कर
देखो कैसे भाग रहा है !

घर-संसार

डेढ़-दो महीने के प्यार पर अब मुझे भरोसा नहीं
प्यार करो तो पूरा करो
बारहों महीने।

भात के साथ रसेदार मांस-मछली नहीं होने पर
ज़रा भी मेरे मुँह का ज़ायका नहीं बनता
गरमी में पंखे की हवा, फ़्रीज का पानी
छह इंची फोम का गद्दा न होने पर नींद नहीं आती,
नींद तो कोई सुलानेवाली परियों की कहानी नहीं
जो फुटपाथ पर और पेड़ के नीचे सपने देखते हुए सो जाऊँ!

ईंट-सुर्खी के इस अकेले कमरे में
दाल-सब्जी का हिसाब
रसोई घर में चूल्हे के पास बीतेगा मेरा पूरा दिन,
तुम सिर्फ़ रात में आमोद के बहाने लोगे शरीर
और खत्म होने पर गर्दन घुमा लोगे तकिये पर
पाँव पसारे दूसरी ओर,

दूसरी किसी नीली आँखों वाली युवती के लिए
एक अदम्य प्यास लिये तुम्हारा स्वप्न

दूर मैदान पार कर सुनसान किसी निर्जनता की तलाश
करता फिरता है।

इस तरह खुद को फेंककर मैं भी
लगा सकती हूँ निर्वासन का चक्कर।
क्योंकि मैं पूरम्पूर चाहती हूँ
भूख लगने पर सिर्फ़ दो मुट्ठी नहीं,
अगर एक थाली भात न खाऊँ
तो मेरा पेट भरता ही नहीं।

नियति

हर रात मेरे बिस्तर में आ कर सोता है एक नामर्द।
आँखों पर, होठों पर और ठोड़ी पर
चंचल चुम्बन लेते-लेते
दोनों पंजों में कसकर भींचता है स्तन।
मुँह में भरता है, चूसता है
रोमकूपों में जाग उठती है प्यास
मेरा तन एक समुद्र-भर जल माँगता, कराहता है।

केश-अरण्य में उसकी अस्थिर उँगलियाँ
उँगलियों का दाह–
मुझे पूरा अंगार कर धधकाता है।
मेरा आधा शरीर तब
उस पुरुष का बदन तोड़-मरोड़कर
एक नदी-भर पानी चाहता, कराहता है।

सिरहाने तब पौष की पूर्णिमा
जागकर बैठी रहती रात, उसकी गोद में सर रखकर।
मुझे उत्तप्त और प्रज्वलित कर
गहरी नींद सोता है नपुंसक।

मेरा समूचा तन तब तेज़ प्यास से
नींद में डूबे पुरुष का जड़ शरीर छू कर
एक बूँद पानी माँगता, रोता है।

आत्म-चरित

ईश्वर पर भरोसा नहीं
प्रकृति को देखती हूँ मुग्ध आँखों से
प्रगति का हाथ थामकर जितना आगे बढ़ती हूँ
समाज की कूटनीति मेरी आस्तीन पकड़कर
धीरे-धीरे खींचती है पीछे की ओर

जी करता है आधी रात पूरे शहर में घूमूँ
अकेले कहीं बैठकर रोऊँ।

ईश्वर पर भरोसा नहीं
घर-घर में हैं धर्मभीरू लोग।
वे बहुत चुपके से करते हैं वर्ग-विभाजन

मनुष्य से अलग छाँटकर रखते हैं स्त्री को
मैं भी होती हूँ विभाजित
मनुष्य होने के अधिकार से होती हूँ वंचित।
वर्ग-शोषण की तकरीरों पर वाहवाही लूटते हैं
चतुर राजनीतिज्ञ,
बड़ी चालाकी से छिपाए रखते हैं, नारी-शोषण की
तमाम शब्दावली

उन सभी चरित्रवानों को मैं पहचानती हूँ।
तमाम धरती पर धर्म ने फैला रखी हैं
        अपनी अट्ठारह अंगुलियाँ
अकेले के प्रतिरोध से कितनी तोड़ी जा सकती हैं भला
        उसकी हड्डियाँ
कितना फाड़ा जा सकता है दूर तक फैला
        विषमता का महाजाल !

अकेलेपन का दोष

सम्पूर्ण संन्यास लिये एकाकी मैं भीतर-बाहर।
बहुत बड़ी भूल से बढ़े ये नाखून, अस्वस्थ उँगलियाँ
लापरवाही से बिखरे बाल, उघड़ी बाँहें
सुदूर निर्जन में मैं निर्वासित।
हवा भी मारे डर के दाख़िल नहीं होती
मेरे एकान्त कमरे में
एक-दो कुत्ते जो भौंकते थे आधी रात और दोपहर में अचानक,
एक दिन वे भी देहरी छोड़ चले गये।

आपादमस्तक तुम एक ढोंगी, प्रताड़क
जानती हूँ तुम्हारी सारी लम्पटता
फिर भी अकेलेपन की दुर्बलता के चलते
जाती हूँ तुम्हारे पास।

बार-बार होती हूँ कलुषित
गन्दे पानी में डुबकियाँ लगा-लगाकर
करती हूँ कलंक-लेपन
सुडौल शरीर पर।
सभी जानते हैं तुम्हारी लम्पटता

तब भी अकेलेपन के गुनाह से खटखटाती हूँ
फिर तुम्हारा दरवाज़ा।

लोग ग़लती से इसे ही समझते हैं प्यार।

वनिता-विलास

परिचय के तीसरे ही दिन
सम्बोधन को लेकर किया एतराज़
सातवें ही दिन साथ जाना चाहा
मद्रास, बंगलौर, काठमाण्डू होते हुए कलकत्ता।
अठारहवें दिन चाहा स्पर्श उँगली का,
दो महीना बीतते ही दावा किया चुम्बन का
और साढ़े तीन महीने में शरीर।

इस आकर्षक शरीर में तुम्हें जो कुछ मिलेगा
वह सब घर में बीवी, दफ़्तर में दो-चार लड़कियों
और रास्ते में रण्डियों से भी मिल जायेगा।
फिर भी घूम-घूम कर यह जो जूते घिस रहे हो
बहाने बना-बनाकर पास खींचना
और बहला-फुसलाकर एकबारगी चाहते हो अन्तरंग होना –
इसका वही एक अनुवाद है
किसी भी जुगत से एक स्त्री को न भोग पाने से
तृप्ति और तृप्ति की सुगन्धित डकार नहीं।
और मैं यह जानती हूँ इसीलिए
मेरे इस शरीर पर तुम थूको कि इससे पहले
कम-से-कम दो बार थूकती हूँ–

तुम्हारे दुश्चरित्र मन पर।

सीमा / एक

इतनी दूर तलक जाती हूँ
फिर भी नहीं टूटता घेरा
घूम-घूमकर लौटती—चक्राकार
भीतर होती उथल-पुथल
मन-ही-मन जिसे पुकार-पुकार रात काटती
उसे छोड़कर सब आते हैं
हँसते-मुस्काते, कुशल पूछते हैं
कितना सोचती हूँ निकल जाऊँ बाड़े के बाहर
दृश्य के उस पार, प्यार के भी उस पार
आगे बढ़ती हूँ

फिर भी नहीं लाँघ पाती परिधि
खुले मैदान में खूबसूरत लड़कियाँ आँखमिचौनी खेलती हैं
जाना चाहती हूँ पर न जाने कौन पीछे से पुकारता है
क्या कोई सचमुच पुकारता है ?
या फिर मैं ही खुद को पुकारती हूँ !
पुकारती हूँ,
खुद को खुद ही लौटाती
अभिमान से आहत होने पर दूर चली जाती हूँ
लेकिन कितनी भी दूर जाऊँ
नहीं लाँघ पाती हूँ परिधि !

एक अकेला

[एक युवक कह रहा है किसी स्त्री की बात]

कहीं जब जाने को नहीं होता तब ऐसा ही होता है,
सूना आँगन, बेल का पेड़, एक अकेली बिल्ली
दो-चार नींबुओं की झाड़ी के आस-पास चलना-फिरना।
कहीं जाने को नहीं होता तो घूम-फिर कर
घर के आँगन में बार-बार लौट आना
कोई-कोई जाड़े की शाम इतनी भारी लगती है
मन करता है धकियाकर इसे पार करूँ
और कोई सुनसान रात या चमकदार दोपहर ले आऊँ।
सपने और हो-हल्ले में दिन कट जाएँगे।

कहीं जब जाने को नहीं होता, बरामदे में पीढ़ा लगाकर
बैठ जाती हूँ
मन-ही-मन कोहरे को काटती दूसरे कमरे में जाती हूँ
वहाँ न जाने किसकी प्रतीक्षा में बैठा रहता है
एक सौम्य युवक !
मेरा कहीं जाने का ठिकाना नहीं। परिचित घर-द्वार,
आँगन और दीवार घेरकर बैठी जाड़े की हर शाम
मैं मन-ही-मन दूसरे एक दरवाज़े पर दस्तक देती हूँ

दस्तक़-दर-दस्तक़
सीने की भट्ठी से उबाल खायी उफनता रुदन
दबाकर बोलती हूँ–
तुम किसकी प्रतीक्षा करते हो युवक !

देहत्व

बरसों से जाना-पहचाना मेरा यह शरीर
कभी-कभी मैं खुद इसे नहीं पहचान पाती
एक खुरदुरा हाथ
कई-कई बहानों से छूता है चन्दन चर्चित बाँह
मेरे स्नायु-मण्डल में बज उठती है एक-एक घण्टी

यह मेरा अपना ही शरीर–
शरीर की भाषा मैं पढ़ नहीं पाती
यह खुद ही अपनी बात कहता है अपनी भाषा में।
तब उँगलियाँ, आँख, होंठ और ये मुलायम पैर–कुछ भी
नहीं रह जाता मेरा।

ये मेरे अपने ही हाथ
लेकिन इन्हें मै ठीक-ठीक नहीं पहचान पाती
ये मेरे ही होंठ, मेरी ही जाँघें, उरु
इनकी कोई भी पेशी, कोई भी रोमकूप
मेरे अधीन, मेरे क़ाबू में नहीं।

स्नायु की दो मंज़िली कोठी में बजती है घण्टी
इस धरती पर तब मैं किसका खिलौना हूँ–

पुरुष या प्रकृति का ?

असल में पुरुष नहीं
प्रकृति ही मुझे बजाती है
मैं उसके शौक़ का सितार हूँ।

पुरुष के स्पर्श से
शैशव की नींद तोड़कर मैं उठती हूँ जाग
मेरे देह-समुद्र में उठता है अचानक ज्वार।
रक्त-मांस में प्यार की सुगन्ध पाते ही
प्रकृति ही मुझे बजाती है
मैं उसके शौक़ का सितार हूँ।

प्रमाण-पत्र

सतीत्व किसे कहते हैं ?
मैं इसकी संज्ञा चाहती हूँ, सतीत्व किसका नाम है,
मैं इसका रक्त-मज्जा छानकर, खाल उधेड़कर ज़ायकेदार मांस का
कच्चा स्वाद पाना चाहती हूँ।

सुना है सतीत्व बहुत स्वादिष्ट चीज़ है।
कभी पहनावे की लाल साड़ी, चूड़ी-फीता, नाक की नथ
खोलकर नहीं देखा सतीत्व
वह आख़िर दिखता कैसा है।
अस्पृश्य उँगली से छूना चाहती हूँ सतीत्व का सतलड़ा हार।

कहाँ रहता है सतीत्व
शरीर के किस अंग में बसता है सतीत्व का साँप ?
नहीं जानती अबोध स्त्री कि यही साँप
उसे क़ैद किये रहता है घर में
और खुले मैदान में धूर्त हाथों से
साँप का खेल दिखाता है पुरुष।

पुरुष बड़े सज्जन होते हैं,
पुरुषों के लिए सतीत्व के प्रमाण-पत्र की ज़रूरत नहीं होती।

चारा

जैसे थे, तुम वैसे ही हो
केवल मुझे डुबा गये मझधार में
स्वप्न-नदी में उल्टा बहना इतना
मेरे सिवा और किसके नसीब में आया !

शुरू से आख़िर तक तुम—हूबहू वही के वही
बंसी में फँसाये (मछली पकड़ने के) सिर्फ़ दो-चार खेल,
खेल-खेल में उनींदी शाम पार कर जाने पर
रात को बड़ी अच्छी नींद आती है।

तुम तो जानते हो सिर्फ़ नींद का सुख
एक सौ एकड़ ज़मीन खुद के लिए रखकर
खोजते हो एक कट्ठा साझे के लिए,
साझे की खेती का अलग स्वाद जो है !

क़िस्म-क़िस्म का स्वाद चाहता है हर मर्द
तुम भी तो मर्द ही हो, इससे अधिक कुछ नहीं।
मर्द अच्छी तरह चखकर खाना जानते हैं—आँख
काजल लगाने का मुझे अब और शौक़ नहीं।

बंसी के काँटे में फँसाकर कलेजे का मांस
नोचकर खाना चाहते हो, आख़िर तुम भी तो एक मर्द ही हो–
खाओगे ही।

तैरना नहीं जानती, बीच धार में डूब रही हूँ
अन्धे को सहारा देने वाला कोई नहीं।

सन्ताप

किसी से और पाने को कुछ नहीं
खोते-खोते खोने को भी अब कुछ नहीं !
खोकर, खोज रही नीली पतंग
खोज रही अपना खट्टा-मीठा कैशोर्य
खोजते-खोजते खोजने के बाद
दोनों मुट्ठियों में जमा हुआ है हाहाकार।

प्रेम-अप्रेम में बीत गया यौवन
धूल और रेत के सिवा कुछ न लगा हाथ।

खोज रही अट्ठारह-इक्कीस की धूप और धूनी
और खोजते भटकते और फिर खोजने के बाद
दोनों आँखों में जमा हुआ ख़ालीपन।

लोगों की भीड़ में ऐसा आदमी कहाँ
जिसके पास कुछ मिलने की उम्मीद हो !

अपघात

पुरुष के रूप में जन्म लेने पर
सबसे ज्यादा जरूरी क्या है ?
मेधा।

अगर स्त्री का जन्म हो तो
सबसे ज़्यादा ज़रूरी है
रूप।

क्या जानती है स्त्री
कि रूप दरअसल
खुद के नीचे बनाता है
अँधेरे का कूप !

कूप के जल में अचानक स्त्री
रूप की राख बुझाने के लिए
अलक्ष्य में लगाती है डुबकी।

दुनिया से निर्वासित
रूपवती की काफ़ी हद तक
अपने ही घर में सेंधमारी है यह।

मिथ्या प्रेम में बीते तीस बसन्त

प्रेम की प्रवंचना में बीत गये तीस वसन्त, फिर भी
अब तक मानो मेरा हृदय छटपटाता है–
प्रताड़क पुरुषों के उँगलियाँ छूने पर
पत्थर शरीर से झरता है झरना।

अब भी कल-कल निनाद सुनती हूँ
निर्जन वैशाख में, माघ-चैत में
प्रेम की प्रवंचना में बीत गये तीस वसन्त, फिर भी
विश्वास की आँच में खुद को तपाकर अंगार करती हूँ।

प्रताड़क पुरुषों की एक पुकार पर
भूल जाती हूँ पीछे की सजल भैरवी
भूल जाती हूँ मेघाच्छन्न आकाश,
न वीतने वाली लम्बी रात।

एक वार पुकारते ही
सब कुछ भूलकर पाँव बढ़ाती हूँ नये गुनाह की तरफ़।
एक बार प्यार पाते ही
सब कुछ भूलकर पिघल जाती, मैं भोली लड़की।

मिथ्या प्रेम में वीत गये तीस साल
हज़ार साल और वीतेंगे,
फिर भी चेतेगी नहीं वह विमुग्ध लड़की।

मुक्ति

'पति-चरणों में है स्त्री का बहिश्त !'
लेकिन स्त्री है कि
नहीं बनती लौंडी, नहीं रखती पीठ पसार
सिर्फ़ काम में कोताही

स्वर्ग-लोभ में स्त्री चाटे-खाये
पति-चरणों की धूल और कीच
तमाम क़ानून और क़ायदे
तैयार किये थे नामवर मर्दों ने।

औरत ही कर सकती है औरत को आज़ाद
क़ायदों क़ानूनों पर
सभ्य पेट्रोल छिड़क
जला देगी औरत ही
'सती व्रत कथा और नष्ट बहिश्त।'

दुराशा

"तुम्हें देखने की बड़ी चाह होती है, महबूब !"

झूठ, बिल्कुल झूठ !
या फिर हो भी सकती है
अत्याचारी राजा को एक बार शौक़ हुआ–
प्रजा का दुःख देख आऊँ।
हमें भी बीच-बीच में शौक़ होता है
नदी या समुद्र देखूँ
फागुन के आने पर गुलमोहर देखने का
वन-जंगल में हिरन देखने का।

इस तरह कभी-कभार दो-चार शौक़
किसे नहीं होते !

देख जाओ मुझे
आबोहवा बदलने की ज़रूरत है
इन थोड़े-बहुत उदासीन युवकों के लिए।
मैं क्यों ज़िन्दा रहती हूँ हर रोज़
इसलिए कि कभी-कभार देखने आओगे इसलिए ?
गाहे-बगाहे प्यार कर लेते हो इसलिए ?

इस तरह ज़िन्दा रहते हैं कितने लोग ?
इतने तुच्छ सुख के सहारे ?
मैं क्या मनुष्य हूँ ?

मुक्त दाम्पत्य

किसे कहते हैं सुहागरात की फूल सेज, मैं जानती हूँ।
किसे कहते हैं सारी रात जागती बन्दरगाह की भयानक रात
मैं जानती हूँ, मेरा हाड़-मांस जानता है
जानते हैं बन्दरगाह की एक-एक नाव के मल्लाह
और जानते हैं कार्गो के मजूर

भोर वाला स्टीमर जानता है
तुम भी क्या कुछ कम जानते हो ?
प्यार के किस हद तक सर्वनाशा होने पर
तैरना न जाननेवाली देह
रूपसा के जल में बहती-तिरती
बार-बार लौट आती है
दिगन्त के उस पार से फिर, चतुर्दिक् झूला झूलकर
फिर दुविधा की आग में जलकर
नाली में पड़े शराबी की ढीली बाँहों में मुँह छिपाये
और एक बार रोने के लिए लौट आती है–

तुम नशे में चूर, नींद में डूबे
फिर भी तुम कुछ कम नहीं जानते
तुम्हें घन्नई पर चढ़ाकर मैं बेहुला बनी कितनी-कितनी बार

कितनी थकी-हारी यमुना में।

अगर सचमुच जानते ही हो
तो सारी दुनिया में तुम्हारा इतना
ऐसा पतन भला किसलिए ?

दूरी / एक

पास-पास लेटे हैं दो प्राणी
कोई किसी के भीतर की खबर नहीं जानता।
किसके मन में उड़ता है पंछी, किसका पिंजरा बन्द है
कौन सोता है गहरी नींद और किसकी बीतती है विना सोये रात ?

दूरी / दो

इतना ज्यादा करीब आयी हूँ उसके
छू सकता है कलाई और कमर की गहरी बाँक।
छू सकता है वक्ष, नितम्ब अनायास
इतना अधिक उसके दायरे के हूँ अन्दर मैं।

होंठ बढ़ाते ही चुम्बन से भीग जाते हैं होंठ
मीठी-मीठी खुशबू, नाना स्वाद से भर जाती है जीभ
शरीर बन्दी बन गया है एक और शरीर के पिंजरे में।
उठते-बैठते, उन बेड़ियों की आवाज़ उठती है शरीर में।

अब इतना ज़्यादा उसके दायरे के भीतर हूँ मैं
कि पैर बढ़ाये तो लात पड़ती है वक्ष और पीठ पर
कठोर जाली से बुना गया है यह पिंजरा
मैं एक घाव वाले कुत्ते की घिनौनी ज़िन्दगी जी रही हूँ।

इतना ज़्यादा क़रीब जिसके आयी हूँ मैं
छुआ है जिसने सारी देह के रोयें-रेशे को
छुआ है निषिद्ध नियमों से बँधा रक्तस्रोत
कोना-कोना, शाखा-प्रशाखा
छुआ है सब कुछ, सिर्फ़ नहीं छू पाया
दोनों हाथों से सँभालकर उस हृदय को

बेहुला की नाव

बेहुला अकेले ही बहा देगी नाव
उन्मत्त यमुना में
खोलकर लंगर पलट देगी सनातन का भाग्य
लखिन्दर लोहे के घर में अकेला डूब जाए स्वप्नहीनता में।
बेहुला उसे नहीं लेगी साथ।

पाँव बढ़ाते ही पाँव के आगे पाँव
नारी के आगे बढ़ा देती है पाँव
लखिन्दर की पुरुष प्रेतात्मा !

बेहुला अकेली बहा देती है नाव
जीवन जिसका—जीवन सिर्फ़ उसी का
बेहुला जानती है जल की भाषा
पूरी यमुना में बेहुला खेलती है
दूसरे मन का खेल।

वेश्या जाती है

वह देखो एक वेश्या जा रही है,
वेश्या का शरीर हू-ब-हू इन्सानों जैसा है,
एक इन्सान जैसी नाक, आँख, होंठ,
आदमी की तरह हाथ, हाथों की उँगलियाँ
इन्सान की तरह उसकी चाल-ढाल, पहनावा
आदमी की तरह हँसती-रोती और बात करती है–
फिर भी इन्सान न कहकर उसे वेश्या कहा जाता है।
वेश्याएँ औरत हैं, मर्द नहीं।

जिस वज़ह से एक स्त्री वेश्या होती है–जिस सोहबत से
उसी का अभ्यस्त होकर भी पुरुष, पुरुष ही रहता है।
वेश्याएँ मर्द नहीं, आदमी की तरह हैं
लेकिन आदमी नहीं
वे औरत हैं।

वह देखो, वेश्या जा रही है–
कहते हैं लोग–एक औरत की तरफ़ उँगली उठाकर
आदमी देखता और दिखाता है।

छुईमुई

एक अनार्य पुरुष ने दोनों हाथों से छुआ था मुझे
छूने के लिए मेरे पास और ऐसा है क्या
छू ही लिये अगर दोनों स्तन

इसके अलावा छुआ था होंठ या चिबुक की चिकनी नग्नता
या मान लेती हूँ सुडौल नितम्ब, नाभि-उदर, कुछ और तो नहीं !
इससे ज्यादा एक औरत का और कुछ है ही नहीं
स्त्री को कोई छुए तो जानती हूँ शरीर ही छुएगा,
हृदय नहीं !

खाने वाला हरदम और हमेशा बढ़ाता है लोभी हाथ
एक छुईमुई खामखा चुराती है अपना चेहरा और आँखें।

बीमार उँगली

शशिकान्त का राजमहल देखूँगी–
दूर के किसी रिश्तेदार की उँगली थामे
सारा शहर घूमती रही,
श्मशान, कालीबाड़ी पार कर ईशान चक्रवर्ती रोड,
गोल पोखर बाएँ छोड़ते हुए पण्डित बाड़ी की ओर,
टाउन हॉल, सर्किट हाउस का मैदान पार कर
दाहिने जुबिली घाट की तरफ़ सीधे–
पीछे ब्रह्मपुत्र और उधर ही कचहरी भवन
अचानक तीन फुट वाली सँकरी गली के अन्दर खपरैल वाले
पीले मकान में
पहुँचकर मेरे दूर के रिश्तेदार बेतहाशा हँसे
घुन खायी चौखट, कमरे में पाँव रखते ही इधर-उधर भाग गयीं
दो-एक चमगादड़ें

चूहे, छज्जे की लकड़ी से झूलता मकड़े का जाल।
कुछ तो हँसी की हिलक से और कुछ पैंतालीस के भार से
काँपकर
उन्होंने कहा–यही है तुम्हारा शशिकान्त का महल,
अब अपने कपड़े उतार तो, देखूँ।
मैं तब नौ साल तीन महीने की थी

राजा शशिकान्त का महल इतनी दूर है,
जिसे देखने में दोपहर ढलकर शाम उतर आती है
और एक अँधेरे कमरे में कपड़े उतार नंगा सोना पड़ता है–
किसे पता था !
पन्द्रहवें में पाँव रखते ही मैं खुद जा कर सबसे पहले
शशिकान्त का महल देख आयी।
धूल-गर्द भी देखने के लिए खुद ही जाना पड़ता है,
किसी की उँगली थामते ही खड़ी हो जाती है मुसीबत।

औरत के चेहरे पर चूना-कालिख

गालों पर मल रही हो, आँखों में आँज रही हो,
होंठों पर लगा रही हो रंग !
तुमको जिन्होंने सिखाया, रंग थमाया, ब्रश पकड़ाया हाथ में
बतलाया जिन्होंने नाले का रास्ता, डुबाया तुमको कीचड़-पानी में
वे दूर खड़े मज़े ले रहे हैं, देखो !

आँख मारते, जीभ काटते और बजाते ताली
समझाया उन्होंने पेड़ पर चढ़ना, काट कर पेड़ का तना
तुम भी कितनी बुद्धू थीं–झट ऊपर चढ़ जातीं
अपने पाँव पर मार कुल्हाड़ी एकबारगी गिरती।
असल में तुम अपने ही हाथों अपने गाल लगा रही हो चूना
अपने हाथों अपनी ही आँखों में पोत रही हो कालिख।

लड़कियों का गोल्लाछूट*

हम लड़कियाँ शाम को जो खेल खेलने मैदान में उतरतीं–
उसका नाम था गोल्लाछूट।
सारे मैदान में कितनी चहल-पहल रहती
उस बेफिक्र आनन्द-उल्लास से
धीरे-धीरे कब आ पहुँची मायावी दुखों की छाया में,
याद नहीं, कुछ याद नहीं, हमजोलियों का कौन-सा दल
किधर चला गया
किसे छू लेने से मिलती है मनचाही विजय !
लड़कियाँ क्या अब भी खेलती हैं हवा में लहराती हुई अपने बाल
गोल्लाछूट खेल ?
मेरी बार-बार इच्छा होती है खेलूँ
अब भी रह-रहकर मचलती हैं पाँवों की उँगलियाँ
धूल में डूब जाना चाहते हैं तलवे
मन करता है, जाऊँ
दुनिया की सभी जवान लड़कियों को
गोले से दिला दूँ छूट
घेरे से कर दूँ आज़ाद।

---

* 'गोल्लाछूट' गोल-गोल घेरे बनाकर एक घेरे से दूसरे में दौड़कर खेला जानेवाला खेल। एक घेरे से दूसरे में पहुँचने के बीच छू जाने पर 'चोर' बनना पड़ता है।

दुखवन्ती

दुखवन्ती दुख भूल जा
अभी तू है नादान
इसी उम्र में दुख को पाल लिया ?
अभी तो काफ़ी उम्र पड़ी है
रोओगी कब
अगर रुलाया खुद को इतना इसी उम्र में !

दुखवन्ती सारे दुख भूल जा
सारी खिड़की खोल
हवा-रोशनी के झिलमिल में चाहे जैसे खुशी में नाच
बच दुखवन्ती, बच !

खेल / एक

वे आये थे, प्यार किया था
वे बैठे थे, सोये थे
रात को जागकर खिलवाड़ किया था
खेल जीतकर बोले थे–तो अब जाऊँ!
खेल जीतकर धूल झाड़कर
वे उठ खड़े हुए समय रहते ही
सब कुछ समेटकर चले गये
था जो कुछ भी समेटना आवारा उन खिलाड़ियों को।

वे आते-जाते हैं जल्दी-जल्दी
रुकने से तो रुकने का फिर मोह जगेगा
इसीलिए रुकता ही नहीं कभी कोई
बह जाता है शरीर के बहाव में सब सुख।

वे न आयें, न करें प्यार
उनके लिए नदी का सूखा पाट, वे झड़ जाएँ
बिसात बिछाकर अब न बुलायें
खिलाड़ियों के साथ अब और नहीं रहना।

मंजरी झर जाती है

थोड़े में ही खुश हो जाती हूँ इसका मतलब यह नहीं
कि छोड़े और फेंके के सिवा और कुछ अच्छा ही न लगे
कष्ट-पीड़ा से भी खूब परिचित हूँ इसका मतलब यह तो नहीं
कि आकाश या उससे भी परे कोई अतल या पाताल
धारण नहीं कर सकती ?
लोहा पा कर नाचने लगती हूँ तो क्या हीरे को नहीं पहचानती ?

विनम्र होने का अर्थ यह नहीं कि वर्जनाएँ सही जाएँ,
ताल से लेती हूँ यदि बूँद-भर तो इसका यह अर्थ नहीं
कि अधिक के प्रति मेरा आग्रह कुछ कम है।
घास-भूसा देकर धन्य करने का कौशल खूब जानते हो
मैं चाहे जितनी भी अभागी होऊँ
लेकिन मैंने भी सीखा है फेंकना जीभ का थोड़ा-बहुत मीठा स्वाद,

अगर देना ही है तो, सब कुछ दे दो, जो भी है घर में
और बाहर जो है वह तो दोगे ही
छिपाया हुआ जो कुछ है, वह भी दे दो।
तुम्हें चाहा है ऑक्टोपस की सारी भुजाएँ फैलाकर,
दोगे यदि तो आदि से अन्त तक दे दो
जड़ के न रहने पर मंजरी झर जाती है।

नारी

जन्म

प्रकृति के किसी प्राणी के जन्म की तरह
नारी-जन्म भी अनाकांक्षित नहीं–
मनुष्य द्वारा सिर्फ़ अद्‌भुत चरित-चर्चा होती है।

शैशव

यदि पैदा हुई तो हुई
रहे मुँह बन्दकर
घर के कोने में पड़ी, रखो दूध-रोटी
खाये खुद खोजकर।

कैशोर्य

सँभालकर रखो बाल, सँभालो दोनों आँखें
छिपाओ छाती के उभार
नारियाँ बँधी रहती हैं श्रृंखला की सीमा में
कम-से-कम घर तक।

यौवन

अक्षतयोनि ढूँढ़ते हैं पुरुष
नोचने-खसोटने के लिए,

प्रेम का दावा जताकर कोई विवाह की
सेंध काटता है बड़े कौशल से।

बुढ़ापा

चिकनी त्वचा पर पड़ गयीं झुर्रियाँ
रजो-वेदना नहीं।
बार-बार कही गयी एक ही कहानी का
खो गया सत्र।

मृत्यु

बला टलती है,
प्रकृति के दूसरे प्राणी की तरह
नारी की मृत्यु इतनी सहज आकांक्षित नहीं।

जड़

शिकारी पुरुष हथियार लिये ध्वंस का खेल खेलता है
नारी है घास-फूस, कन्द-मूल खोजती जंगल के रास्ते में।
हथियार जिसका, वतन उसका–तब नहीं समझती थी नारी।
माया और ममता, प्यार भरी सन्तानवती देह
धीरे-धीरे झुकती गयी प्रकृति के प्रयोजन से उसके वशीभूत।

जर और ज़मीन पर कब्जा चाहा क़बीले के मर्दों ने
बँट गयी ज़मीन और बँटवारा हुआ औरत का–
जो प्रजाति उत्पादन-यन्त्र के सिवा कुछ नहीं,
कुछ भी नहीं, मनुष्य नहीं, महज़ जड़ चीज़ों का ढेर
घुटने टेककर यही मानती चली गयी, यही उसकी प्रकृति है।

अब समझा है नारी ने, जिसके हाथ में लाठी, उसकी ही भैंस
अब समझा है कि धर्म और समाज के नीति-नियम के नाम पर
मर्दों का क़ानून तिनके फैलाकर फैलाता है पंजा।
अब खुला है सदियों तक फैली साज़िशों का जाल
अब छँटा है स्नेह का कोहरा और चेतना के काले बादल।

अब औरत किसी आदमी के नाम से जुड़ी ज़मीन नहीं
उसकी ज़िन्दगी सिर्फ उसकी है–यही उसके जीवन का मूल मन्त्र है

हथियार के बल पर और कब तक होगी सभ्यता की ख़रीद-बिक्री।
असमानता की जटा उधेड़ कर नारी खोज रही है समता का सूत,
अब वह समझ गयी है कि उसका जीवन सिर्फ़ उसी का है
उसी के लिए है।

सीमा / दो

चेतना के जागने पर जब उसने
धरती का रूप-रस-गन्ध और रंग देखने के लिए
लाँघनी चाही चौखट

तो कहा गया—नहीं। यह दीवार ही है सरहद तुम्हारी
यह छत ही तुम्हारा आकाश।
यह बिस्तर-तकिया, सुगन्धित साबुन, टेल्कम पाउडर
यह प्याज-लहसुन, सूई-धागा, अलसायी शाम में
तकिये के खोल पर लाल-नीले फूलों की कढ़ाई
बस इतनी ही तुम्हारी ज़िन्दगी।

उस पार कितनी विस्तृत विचरण भूमि है, देखने की चाह लिये
जब उसने कल दरवाज़े का ताला खोला
तो कहा गया—नहीं। आँगन में मुनगे का पौधा रोपो
पोई साग, लौकी, बीच-बीच में किसिम-किसिम के गमलों में
दो-तीन तरह की नागफनी, पीले गुलाब,
यह लिपा-पुता आँगन
बस इत्ती-सी है तेरी ज़मीन।

चिट्ठी-पाती

आजकल मैं दरवाज़ा खोल कर
सुबह के वक़्त बाहर खड़ी हो जाती हूँ।
बाल सुखाने के लिए नहीं
मूँगफली बेचने वाला भी शाम को गुज़रता है
दो-एक चिड़ियों की बोली–वह भी
घर के भीतर से ही अच्छी लगती है
दाल की बड़ियाँ छत पर सूखती हैं
रास्ते पर चहलक़दमी करते छोकरों को देखूँ
वह उम्र भी तो नहीं रही
तब फिर किसलिए ?
दरअसल एक नयी बीमारी लगी है मुझे
डाकिया जाता है सुबह-सुबह इधर से
अगर अचानक एक चिट्ठी डाल जाए
और घर के बच्चे नासमझी में
उससे जहाज़ बनाकर खेलने लगें
इसी डर से खड़ी हो जाती हूँ दरवाज़े पर आ कर।

मन में एकदम से यह ख़याल न हो कि
तुम भी तो संसारी हो कर चला रहे हो परिवार
–ऐसी बात नहीं,

गुलाब के पौधों में शाम को डाल रहे होगे पानी
बीवी-बच्चों के साथ घूमने निकल जाते होगे शाम को
तुम चिट्‌ठी क्यों लिखोगे ?

सुख से रहने पर भला कोई किसी को लिखता है खत ?

—

दुख-पीड़ा टहनियों के अलावा
मेरी उँगलियाँ नहीं छू पायीं कभी
सुख की हरी पत्तियाँ, पुष्पगुच्छ
हाथ बढ़ाते लगता है डर
काँटे से बिंधा घायल हाथ कहाँ पाएगा मरहम ?

तुम्हारी छाया में बैठी हूँ अनन्त कैशोर्य से
झड़े पत्ते, झड़े फूल
उँगली के ज़ख़्म ढूँढ़कर अगर वापस लौट सकूँ।
कटे हुए पतंग के पीछे सारी दोपहर
दौड़ते रहे मेरे धूल से अटे पैर
दिन ढले खाली हाथ घर लौटने पर
गृहस्थ का अमंगल होता है

कुछ तो आखिर दो
झरे हुए पीले दुखों को
कहो तो
आँख मूँदकर सुख मान लूँगी।

तुम अगर सचमुच सुख न दे पाओ
तो दुःख या तकलीफ़ देने में रुकावट कहाँ है ?

जड़ में अनन्त भूख

मैं भी इन्सान ही हूँ
समाज की चक्की में पिसी नारी नामधारी
सिर्फ़ द्विपद चिड़िया नहीं, मैं भी इन्सान हूँ।

पसलियों की राख से ढँककर रखती हूँ सीने की आग
जी करता है महुए के नशे में डूबकर
देर रात घर लौटूँ
आधी रात दरवाज़ा खटखटाऊँ लाल आँखों से
पड़ोसियों को हैरानी में डालकर कहूँ–
धूप के पंख फैलाये मैं भी आकाश बनूँगी
बनूँगी कोई पेड़ ,
माटी को फोड़कर मेरी जड़ें जायेंगी धरती की मज्जा तक।
मैं भी इन्सान ही हूँ

मुझे भी अकेली रात बहुत अकेली लगती है
चाँदनी के जल में नहाकर ढेर के ढेर दर्द तोड़ लाती हूँ
मुझे भी बहुत रुलाती है मुहब्बत।

आवाँ की आग में पके जीवन की अंजुरी का जल बूनँगी
बनूँगी कोई पेड़,

माटी को फोड़कर मेरी जड़ें जायेंगी धरती की मज्जा तक।

जड़ में है अनन्त भूख
मेरी धरती में इतना पानी है इतनी मिट्टी
फिर भी मैं रह जाती हूँ प्यासी जीवन में अधिकांश।

सीमान्त

मैं आगे बढ़ूँगी
पीछे से पुकार रहे मेरे तमाम नाते-रिश्तेदार
आँचल पकड़कर खींच रहे मेरे बच्चे
दरवाज़ा रोके खड़ा है मेरा शौहर।
मैं जाऊँगी
सामने कुछ भी नहीं, सिर्फ़ एक नदी है
मैं पार होऊँगी
मैं तैरना जानती हूँ फिर भी मुझे
तैरने नहीं देंगे, नहीं होने देंगे पार।

नदी के उस पार कुछ भी नहीं है, सिर्फ़ हाहाकार में डूबा है मैदान
फिर भी मैं उस सन्नाटे को छूऊँगी एक बार
साँय-साँय करती हवा के खिलाफ दौड़ूँगी
मेरा जी नाचना चाहता है, नाचूँगी एक दिन
नाचकर लौट आऊँगी।
बचपन की तरह 'गोल्लाछूट' नहीं खेला कितने दिनों से
खूब शोर मचाती हुई खेलूँगी एक दिन
खेलकर लौट आऊँगी।

एक अरसा हुआ तनहाई की गोद में सिर रखकर रोयी नहीं

सारी आस मिटाकर रोऊँगी एक दिन
रोकर वापस लौट आऊँगी।

सामने कुछ भी नहीं, एक नदी है
मैं तैरना जानती हूँ
भला क्यों नहीं जाऊँ
मैं जाऊँगी
जाऊँगी ज़रूर।

उल्टा खेल

मैंने उस दिन 'रमना' में देखा एक लड़का
लड़की ख़रीद रहा है।
मेरी भी बड़ी इच्छा होती है दस-पाँच रुपये में
एक लड़का ख़रीद लाऊँ।

लड़के की साफ़ चिकनी दाढ़ी, धुले शर्ट, सँवरे हुए बाल
पार्क की बेंच पर, रास्ते के किनारे त्रिभंगी मुद्रा में खड़ा लड़का–

इच्छा होती है ऐसे किसी लड़के का कॉलर पकड़कर
रिक्शे पर खींच लेने की–
पेट-गरदन में गुदगुदी देकर हँसाऊँ
घर ले आऊँ और हीलावाली जूती से
ताबड़तोड़ पीटकर छोड़ दूँ–
जा स्साले !

लड़के सिर-माथे 'सैलन पास' लगाये
भोर के फुटपाथ पर ऊँघते रहेंगे
देह खुजलायेंगे, कोई चटियल कुत्ता चाट जायेगा
जाँघ के घाव से चूता पीव
देखकर लड़कियाँ चूड़ियों के टूटने की आवाज़ की तरह

रिन-झिन, रिन-झिन हँस पड़ेंगी।

मेरी बड़ी इच्छा होती है लड़का ख़रीदने की
जवान-ज़वान लड़के, छाती पर उगे घने बाल–
उन्हें ख़रीदकर, पूरी तरह रौंदकर
सिकुड़े अंडकोश पर ज़ोर से लात मारकर कहूँ–
भाग स्साले !

स्त्री-पुरुष छन्द

एक

पुरुष-पुरुष करती नारी
पुरुष देगा घर,
इस जीवन में पुरुष होगा
महामूल्य वर।

पुरुष उजाला, पुरुष भला
पुरुष है ज्वार-भाटा।
मौक़ा पाकर पुरुष ने दिया
स्त्री के गाल पर चाँटा।

दो

पुरुष-पुरुष करती हैं वे
क्योंकि पुरुष है नर!
पुरुष छोड़ किसके बल चले
पंगु नारी दुर्भर ?

रुई-नारी साथ पुरुष के
पुरुष ने उसको धुना,
नग्न देह, भग्न माथा
नारी के मुँह पर चूना।

तीन

पुरुष बनेगा उसका पेड़
पुरुष ही उसकी छाया,
महानुभाव पुरुष देखकर
नारी की जागे माया।

उसी पुरुष ने ठोंक दी
स्त्री की पीठ में कील,
दोनों आँखें नोच ले गयी
पुरुषरूपी चील।

चार

पुरुष के आते फूल खिलेगा
पुरुष देगा सुख,
पुरुष को पा कर चमक उठेगा
काली लड़की का मुख।

पुरुष नाम पर अन्धी हैं वे
पीर-फ़कीर की फूँक,
सती-साध्वी की देह पर
दिया पुरुष ने थूक।

स्त्रियों से नहीं हो सकता

हो सकता है, कोई भी पुरुष
किसी भी स्त्री के मेद-मांस को छू कर हर्षित
रोमांचित हो सकता है।
कोई भी पुरुष अचानक एक स्त्री को
सिर से पाँव तक उघाड़, उससे लिपटकर
हो सकता है उत्तप्त।
आवेग का मौसम आने पर कोई भी जानवर
किसी भी जानवर की तरफ़ बढ़ा देता है शरीर।

बग़ैर चाहत और मुहब्बत के
किसी मांसल शरीर को छूने में
पारंगत होते हैं पशु और पुरुष,
स्त्री नहीं।
बिना मुहब्बत
किसी अस्थि-मज्जा की गन्ध
और कोई भले सूँघ ले
स्त्री नहीं।

स्त्रियों से नहीं हो सकता
बिना मुहब्बत किसी देह का स्पर्श,
और किसी से होता है तो हो।

सब नदियों में लोहित का पानी

लोहित नद के तट पर था मेरा शहर
शहर की गोद में जो घर झूला झूलता था
वही था मेरा घर।

घर के बग़ीचे से जिस साल झर गये सारे फूल
उसी वर्ष चुपके से मैं भी पार कर गयी इक्कीस बसन्त।

मेघना का जल देखकर लोहित की याद आती है
याद आती है लोहित की यमुना में तैरने से
दूर से तिस्ता का किनारा देखकर
मेरी आँखों से बह निकलता है लोहित का खारा पानी।

अपना शहर छोड़ घूमती रहती हूँ तमाम शहर
पद्मा की देह से अपनी देह सटा अपनापा जताने पर
पद्मा प्यार किये बिना नहीं रह सकती।
सब नदियों में है लोहित का पानी
सभी शहरों में देखती हूँ अपना शहर।
पिंजरा तोड़ बाहर आने पर प्यार को मिलता है
अनन्त आकाश।

पृथ्वी पर ऐसा कोई शहर नहीं, जो मेरा न हो
ऐसी कोई नदी नहीं जो लोहित न हो।

प्राप्ति

सुबह-सबेरे
मैं बटोरने निकली थी घास-पात
और मेरी टोकरी लबालब भर गयी फूलों से
इतनी तो चाह मेरी नहीं थी !
अब मैं कहाँ रखूँ, कहाँ बैठूँ, कहाँ जाकर रोऊँ।

पूरा जीवन सूना था
किसी का दाय नहीं था देने का
तुम इस तरह उँड़ेल दे रहे हो,
भर दे रहे हो,
खींच ले रहे हो इतने पास
इतना तो मेरा प्राप्य नहीं था।

अनुशासन

देखो देखो, आँखें तरेरकर कैसे देख रहे हैं लोग
मानो मेरा चलना और हँसना मना है राह में
मानो मेरे रंग-ढंग से उनके बदन में आग लगी हो
जैसे आँगन पार निकलना और बाहर आना पाप हो

दरअसल पाप है जन्म लेना अपवित्र देश में ।
पाँव बढ़ाते ही पैरों के नीचे काँप-काँप जाती है माटी
धरती भी समझती है एक खूँखार जीव करता है निवास
ईंट-पत्थरों में, दर-दालान में मानुष है जिसका नाम।

अरे लोगो, देखो-सुनो, चारों तरफ़ से मुझे घेरकर
वे मेरी सुडौल बाँहें, कलाइयाँ और हथेलियाँ काट लेंगे
वे मेरी जुबान काटकर, पेट फाड़कर, नोंच लेंगे आँखें
गला दबाकर मेरी शिराओं में भर देंगे ज़हर
उन्हें मैं खूब पहचानती हूँ, मानुष है जिनका नाम।

जंगली भैंसे, साँप और बाघ के खौफ़ से नहीं
मनुष्य होकर मनुष्य के डर से भागकर लौटती हूँ घर।

इहलौकिक

दूर हटो चाँद, सोडियम की बत्ती जल रही है आज।
लैम्प पोस्ट के नीचे खड़ी हूँ राह पर
चुम्बन लूँगी वैज्ञानिक ढंग से।
शरीर का सारा अरण्य
इस जीवन के 'सॉ-मिल' में रखूँगी काटकर।

वायुमण्डल में परमाणविक धुआँ,
फ़ेफड़ों में भर लूँगी अनन्त आयु।
ग्रह से नक्षत्रों तक उद्‌भिद-प्राणी मिलकर
दिन कट जायेगा वैज्ञानिक ढंग से।

निर्माण, सिर्फ़ निर्माण समझती हूँ आज
डायनोसोर विलुप्त हो चुका है
देह और मन की ज़ंजीरों को खोलकर
चलो, जी उठें वैज्ञानिक ढंग से।

चक्र

उसे लाल रंग की पोशाक पहनायी जाती है
क्योंकि एक चटख रंग है सुर्ख लाल-आसानी से नज़र आता है।
उसके गले में पहनायी जाती है माला
वह माला जो अबला जीवों के गले में रस्सी
और त्यौहारों में काग़ज़ की होती है।
उसके कान छेदे जाते हैं, नाक भी।
नाक और कान में पहनायी जाती हैं धातुएँ
अपनी चमक नाकाफ़ी है और धातु-पत्थरों की चमक
गोया उसे करती है आलोकित।

उसकी कलाइयों में पहनायी जाती हैं चूड़ियाँ
बहुत हद तक हथकड़ी-बेड़ी की तरह जिनका आकार है
पाँवों में पहनायी जाती है पाज़ेब
ताकि पता चल सके—कब, कहाँ, क्या करती है वह।
उसके चेहरे पर रंग लगाया जाता है
मानो किसी बेज़ान चीज़ पर रंग चढ़ा हो।
मानो उसकी आँखें, उसके गाल, उसके होंठ काफ़ी नहीं।
जैसे कि कुछ लीपे-पोते बग़ैर वह काफ़ी नहीं, सम्पूर्ण नहीं।

एक इन्सान को इसी तरह बनाया जाता है बिकाऊ

वह गाँव में विकाऊ है, शहर में
फुटपाथ पर, रास्ते में
झोंपड़पट्‌टी में, सम्भ्रान्त इलाकों में
देश में, विदेश में
सभी जगह तरह-तरह से, किसिम-किसिम के दरों पर बिकाऊ है
वह बिकती है
खुले आम बिकती है
इस बिक्री का कहीं-कहीं आधुनिकीकरण हुआ है।

इस आधुनिकीकरण को स्त्री की प्रगति का नाम देकर
कुछ लोग बजाते हैं तालियाँ
ज़्यादा भोली स्त्रियाँ
खुद को शौक़ से जकड़ती हैं ज़ंजीरों में
जो तोड़ती हैं और तोड़कर समझती हैं
निकल आयी हूँ बाहर
दरअसल, वे भी जकड़ जाती हैं
किसी-न-किसी तरह और एक ज़ंजीर से।

समावर्तन

एक

अगर वह जायेगा तो जाये।
रह जाये केवल
जले दिल की खाक़
और बाग़ में ढेर सारे काले काग।

दो

कहाँ भागोगे
चाहे जितनी दूर जाओ घेरकर दबोच लेंगी यादें
नोंच-खसोटकर खायेंगी
जाते-जाते आख़िरकार मुड़ जायेगी राह।

तीन

घूम-घूम कर जब उसी एक बिन्दु पर हो लौटना
तो फिर क्यों इतना लुकना-छिपना!
मुड़कर तो देखते ही हैं दिल के टूटे तार–
जीवन की राह–गोलाकार।

जीवन

जीवन ठहरा हुआ कोई तालाब नहीं।
लहरें तो रहेंगी ही
जीवन कभी नहीं होता
सड़ा हुआ बदबूदार अन्धकार—
बेरोक-टोक रोशनी में एकाकार,
इस रोशनी के जंगल में
बढ़ायेगा कोई न कोई हाथ।

किसी के हाथ में प्यार
किसी के हाथ में घिनौना घात
थोड़ी-बहुत प्रताड़ना—अजीब रात।

जीवन ठहरा हुआ कोई तालाब नहीं,
उत्ताल लहरों की चपेट में खो जाते हैं
यादों के तिनके
और निहायत थोडे-से सुख की चाह में
बीत जाते हैं जीवन के आधे दिन।

अदायगी

ब्रह्मपुत्र मुझे पहले की तरह
बार-बार पास नहीं बुलाता
मुझे भूल गया है जितना मैं भी भूल गयी हूँ उतना।

तुम एक बार प्यार न करके ही देखो
एक बार पास न बुलाकर
भूलोगे जितना
उससे ज़्यादा भूलूँगी में।
अगर रह सको तो बदन छिपाकर रहो
सौ नाखूनों से नोंचकर
उघाड़ दूँगी तुम्हारा चैन।

विषदन्त

वचपन में देखा था साँप का खेल
बहुत बड़ा साँप हमारे आँगन में
'हिश् हिश्' की आवाज़ करता घूम रहा था।
साँप जैसा भयानक जीव भी
एक बेवस शिशु की तरह
पिटारी में चढ़ता-उतरता है!
साँप के प्रति मुझे बहुत दया आयी थी।
विषदन्त न रहने पर साँप भी केंचुए की तरह
दुबका और निरीह जान पड़ता है।

इशारा पाकर पिटारी में चढ़ता, पिटारी से निकलकर
इधर-उधर चलता, फन उठाकर व्यर्थ ही फुँफकारता।

जिस व्यक्ति के विषदन्त नहीं
वह भी इसी तरह लुंजपुंज, रीढ़विहीन घूमता है।
सात थप्पड़ खाकर भी उफ् नहीं करता
देश टूटता है, देशवासी टूटते हैं
और विषदन्तहीन आदमी
दाँत-नाखून समेटे
आवेगहीन, देखता रहता है
आतंक-उत्पीड़न।

टंडापन

अचानक कौन कहाँ मर रहा है,
नहीं, अब और हाथ-पाँव नहीं हिला रहा
किसी की तरफ़ नहीं देख रहा
बोलता नहीं, सुनता नहीं-

किसकी गोपन दराज में था
बैंक की पास-बुक, पुराने प्रेमपत्र, सतलड़ी हार
ज़मीन का नक़्शा
और बहुत सँभालकर नेप्थॅलीन के नीचे तहाया हुआ
एकमंज़िले मकान का स्वप्न।

सभी दुःख-सुख, फलवाले सभी पेड़ों को छोड़कर
कौन कहाँ मर रहा है,
बोलता नहीं, हँसता नहीं
मैदान पार करते हुए चल नहीं रहा रास्ते पर या भीड़ में

इस पर हम भी कुछ ख़ास ध्यान नहीं दे रहे
क्योंकि हमारे रक्तकोष में
हमारी हड्डियों के भीतर
पित्ताशय के ख़ानों में

हमारे कलेजे की दीवार पर
एक ख़तरनाक सरीसृप मौत
घात लगाये तैयार बैठी है—झपट्टा मारने के लिए।
आज नहीं तो कल—वह ज़रूर मारेगी झपट्टा।

जय बांग्ला

बांग्ला भाषा में 'जय बांग्ला' की तरह जीवन्त शब्द दूसरा नहीं,
जो जुबान 'जय बांग्ला' शब्द का उच्चारण करती है
वह किसी झूठ के साथ समझौता नहीं करती।

जिस बंगाली ने नहीं सीखा,
'जय बांग्ला' शब्द का शौर्य और सौन्दर्य पान करना
धिक्कार है उसे
जय बांग्ला की आँच में
जो बंगाली अपनी बर्फ़ीली देह सेंक नहीं पाया,
धिक्कार है उसे।

जितने पंछी हैं देश में, जितनी नदियाँ
जितने घास-पात उगे हैं देश में, जितने पेड़
सबने कहा था एक दिन–'जय बांग्ला !'

सूर्योदय ने कहा था–जय
नमकीन हवा बोल उठी थी–जय
तुमने कहा था, मैंने भी
हमारे पुरखों ने एक साथ कहा था–'जय बांग्ला !''

जो इस 'जय बांग्ला' को जीवन के रक्त-मांस में

पालन-पोषण करना नहीं जानते–
उनकी,
उन अभागों की
मृत्यु हो।

प्यास

[गुलाब की महक में देह डुबाकर दोनों खेलेंगे–'मच्छी-मच्छी']

बड़ी साध जगती है मन में एक बार छू कर देखूँ अमूल्य धन,
भरे आकाश से अगर झर-झर वर्षा उतरे, खोल दूँगी देह
गर्म चुम्बनों से मैं उसकी सर्द देह का करूँगी जतन
महल से भाग कर उसके आगे घुटने टेक देना चाहती हूँ
सारा राजपाट भूलकर।

दोनों बाँहें बढ़ाकर ओ अपरूप, उठा लो कोमल निदाघ
मृदंग बजाकर मुझ प्यासी को प्लावन से भर दो।
बड़ी साध जगती है मन में कुँवारी देह में पोत लूँ रक्तवर्णी दाग़
दुनिया-ज़हान छोड़ एक बार छू कर देखूँ असह्य सुन्दर।

विपात्र के इन्तज़ार में

मैं जिसका इन्तज़ार कर रही हूँ
वह मेरा न रिश्तेदार है,
न दोस्त, न पड़ोसी, न कुछ और
मैं जिसका इन्तजार कर रही हूँ
वह आयेगा ही, ऐसी बात नहीं।

तब भी मैं इन्तज़ार करती रहती हूँ
क्योंकि मेरे खड़े होने के लिए कोई बैसाखी नहीं,
पहचाने रास्ते नहीं, दूसरा आकाश नहीं
क्योंकि जीवन बिताने के लिए भी जीवन नहीं।

बेमानी है यह इन्तज़ार
इस तरह अधीर बैठे रहना, साँस रोके
उम्मीद के झूले में झूलना–
भला यह भी कोई बात हुई ?
कुछ कच्चे-पक्के ख़्वाब लिये
ज़िन्दा रहने की कितनी साध होती है भोली-भाली औरतों में !

सब सहन होता है, मृत्यु नहीं

ये उँगलियाँ, ये चिकनी-कसी त्वचा वाली उँगलियाँ
ये उँगलियाँ एक दिन सहारा लेंगी किसी के कन्धे का,
इन खिंची हुई सुन्दर आँखों में भी पड़ेगी एक दिन झाँई।
जड़ों की माया छोड़ उखड़ जायेंगी दंतावलियाँ
यौनांगों में जमेगी धूल,
इस कोमल गले पर पड़ेंगी झुर्रियाँ–बारह झुर्रियाँ

तब भी महीने के आख़िर में धरती पर उतरेगी पूनम
तब भी होगा समुद्र में ज्वार का उत्सव।
तब भी शिशुओं का होगा जन्म
तब भी झाऊ के पत्ते सो जायेंगे शाम ढलते ही
तब भी उमंग से भरे युवा अड्डा जमायेंगे रेस्तराँ में,
खुले मैदान में

तब भी खिलेगा गुलमोहर
और फलों से लदे पेड़ के नीचे बच्चे मचायेंगे शोर।

निस्संगता का काला हाथ
छू-छू कर देखता है शरीर के सारे रोंये-रेशे
दुख के कीट-पतंग दबोच लेते हैं धड़कते हृत्पिण्ड को,

फिर भी सव सहन करना होता है
झुका, व्यर्थ, रिक्त, धूसर जीवन
अन्धापन और असाध्य रोग होता है सहना
रुँधी साँसों की तकलीफ़ सहनी होता है
सहन नहीं होती मृत्यु।

ज़िन्दा रहना

सुबह मेरी तरह मौत भी अँगड़ाई लेती है
दोनों हाथ ऊपर उठाकर उबासियाँ लेती है वह भी
उँगलियाँ चटखाकर मृत्यु भी मेरी तरह अचानक चौकस हो
जाती है।

सुबह की चाय में मेरे साथ मृत्यु भी लेती है दो-तीन चुस्कियाँ,
दो स्लाइस ब्रेड में वह भी शौक़ से मक्खन लगाती है
रिक्शे पर मेरे पास बैठकर
वह भी दफ़्तर जाती है, फिर घर लौटती है
दोपहर बीतती है
शाम को दोस्त के घर धमाचौकड़ी और अड्डेबाज़ी के बाद
वह भी मेरी तरह थकी हुई अकेली, नितान्त अकेली
पैदल घर लौटती है,
ठोस स्याह अँधेरे को चीरते हुए झींगुर पुकारते हैं
दूर जंगल से पुकारता है उदास तक्षक।

मैं और मृत्यु दोनों मिलकर सारी रात हल्ला करते हैं
उलट-पुलट कर देते हैं कमरे को, अन्त में रोती हूँ
आकुल होकर लोट-लोटकर रोती हूँ
मृत्यु अपने रोयेंदार, लम्बे हाथों से स्पर्श करती है

मेरा नितान्त एकाकी शरीर कहता है,
खूब गहराई से कहता है–
जीना है
ज़िन्दा रहना है।

पीछे सपने की तरफ़

दरअसल जाना कहीं और था
दूसरे एक आकाश के नीचे, किसी दूसरे मैदान में
दूसरी एक नदी के पास खड़ा होना था अकेला,

दरअसल जाते-जाते पीछे मुड़कर देखना नहीं था
पीछे साँप के साथ शिशु, चीते के साथ चीतल-हिरण
पीछे फूस की छत वाले मकान के साथ अचानक आग
देखना नहीं था, लेकिन आँखें नहीं मानतीं,

किसी एक पूस की रात में, आग तापते हुए एक आँगन में
जाते-जाते कोई क्या इस तरह उदास ताकता है–
एकटक जलता देखता है सागौन का घना बग़ीचा,
देखता है जलती हुई कोहरे भरी भोर,

दरअसल जाना है कितनी दूर
दूसरे एक अनजान शहर में, दूसरे दरवाज़े पर–
पीछे मुड़कर देखना तय नहीं था
फिर भी, देखते-देखते कौन अचानक इस तरह खड़ा हो गया है,
मेरी तरह निश्चल ?
किसने इस तरह घुमाई है गरदन पीछे सपने की तरफ़ ?

अन्त्येष्टि

मरना हो तो कौवे की तरह मरना अच्छा है
चीन्हे-अचीन्हे कौवे उड़-उड़कर
मौत के ख़िलाफ़ करेंगे काँव-काँव
आदमी के मरने पर
कितने लोग आते हैं आदमी के न रहने का शोक मनाने !
आदमी जैसा कोई कृतघ्न नहीं
ऐसा कोई परिन्दा नहीं, चरिन्दा नहीं, यहाँ तक कि
चींटियाँ भी नहीं।

घास-पत्ते मर जाते हैं, चुपचाप दम तोड़ देती है नदी
आदमी की मौत भी इसी तरह होती है ख़ामोश और ठण्डी
हालाँकि जीवन-ऊष्मा से लुटाता है स्नेह
गरमाहट भरता है अनगिन प्राणों में।

दृष्टिपात

अपलक देख रही हूँ सौन्दर्य की ओर
किसमें इतना दुस्साहस है कि फेर ले आँखें ?

आँखों के सामने पिघलता जा रहा है पत्थरों का ढेर
हारता जा रहा है जुए पर बैठा जुआरी दक्ष
दृष्टि यदि लक्ष्यभेदी हो
तो किसमें इतना दुस्साहस कि फेर ले मन ?

अपलक देख रही हूँ सिर्फ़ तुम्हारी ओर–
चारों तरफ़ है ऊसर, रेगिस्तानी हाहाकार
तुम एक मामूली लड़के हो
कहाँ जाओगे आँखों के सम्मोहन से दूर !

अच्छा किया है

एक लम्बा जीवन अकेले ही चलूँगी, यह सोचकर
जूते का सोल मोटा करके मज़बूत धागे से सिल लिया है
लम्बा एक जीवन सिर्फ़ आदमी को देखने के लिए
बदल डाला है चश्मे का शीशा, काट डाला है
कलाई के जोड़ पर उँगलियों की रगों को
आदमी को छूने पर अगर उससे निकले स्पन्दन
मुझे फिर हिलाये !

लम्बी एक ज़िन्दगी के लिए चना-चबेना, सूई-धागा
भूला-बिसरा, जो कुछ लेना था, ले लिया है
धूल और रेत, और बहाने के लिए आँसुओं की
ज़रूरत थी जितनी, वह भी–
सामने के झाड़-झंखाड़, पहाड़ या कँटीले तारों में
उतनी विपत्ति-बाधा नहीं, सिर्फ़ निस्संगता ही
अचानक मुँह फाड़े निगलने को आती है।

शरीर के गोपन पुरज़ों से नट-बोल्ट खोलकर
हृदय का जाल-जंजाल सँड़सी से काट-छाँटकर
लो मैं पाँव बढ़ा रही हूँ–
दुःख की क्या मजाल कि एक बार भी मुँह खोलकर कहे–ठहरो ?

शमन

रौज़ लाकर रोज़ खाना बारहमास
खोल दी है भूख की फाँस।
एक जून अगर उपवास में काटूँ
तो दूसरे जून खाना पाऊँ।

पीड़ा का रंग लाल है या नीला
देखा नहीं खुद के चेहरे पर
अगर एक जून दुख मिलता है
तो दूसरा जून कटता है सुख में।

दुख के रस में सहानुभूति घुलने से
स्वाद बनाता शरबत,
बेघर का कुछ दोष नहीं
अगर सोच लें कि आकाश ही है छत।

जो जीवन जाता है

जाता है जो जीवन, जाये
बीते हुए कल की तरफ़ अब मुड़कर नहीं देखना
कुछ यादें-भर रखूँगी सँभालकर–कपूर डालकर,
एक दिन उड़ जायेगा सफ़ेद कपूर भी
टूटी-छूटी यादें अकेली पड़ी-पड़ी दुर्गति भोगेंगी।

जो जीवन जाना चाहता है, जाये
पीछे से पुकारने पर जानती हूँ अमंगल होता है
पीछे मुड़कर देखने से
अगर असावधान पैर पड़े खाई-खन्दक में
और वहाँ साँप हो तो हो
जेठ में तपते-तचते पूस-अगहन की गन्ध लेने से
कब घटी है तपिश ?

तुम चले जा रहे हो, जाओ
मुड़कर नहीं बुलाऊँगी,
मुझे अतीत बनाकर भावी स्वप्न के मोह में
तुम अगर जा सकते हो गहरे आनन्द में,
मैं मुड़कर क्यों खड़ी नहीं होऊँगी भला अपने जीवन की ओर !

लौकिक कविता

मृत्यु के उस पार कुछ नहीं–मैं जानती हूँ
कुछ नहीं, दुबारा जीवन नहीं, आनन्द नहीं, कष्ट या शोक
कुछ नहीं।
पाँव के पास नदी नहीं, फल-फूल नहीं, शराब नहीं,
चाँदी का पात्र नहीं
बड़ी-बड़ी आँखोंवाली युवती नहीं,
अक्षत यौवना, अनाघ्राता रमणी भी नहीं
साँप नहीं, बिच्छू नहीं, कल्पवृक्ष का कोई फल नहीं
मृत्यु के उस पार है–शून्यता का हाहाकार–

महाविश्व में जो कुछ भी है, स्थिर है, प्रवाहशील नहीं
नक्षत्र और मनुष्य
मनुष्य और तमाम वनस्पतियाँ
जीव और जीवाश्म
सत्य सिर्फ़ इतना ही है, सत्य है मनुष्य और मनुष्य का तीव्र
अनुभव।
क्षुद्र, तुच्छ, थोड़ी-सी छाया की तरह
मनुष्य का क्षण-भर का लौकिक जीवन–

मनुष्य का और सब कुछ कट जाता है,

कट जाता है वक्त
मेघाच्छन्न दिन कटते हैं,
दुःख कटता है,
अँधेरा, सन्नाटा और अकेलापन कट जाते हैं
सिर्फ़ नहीं कटता है इस छोटे-से जीवन का मोह।

यह भी एक अयोग्यता है

प्यार से जिसको छूती हूँ, छू कर पाती हूँ
प्यार के लायक़ नहीं कोई।
प्यार से जिससे कहती हूँ—यह मेरा घर-द्वार,
मेरी नदी, मैदान, खेत, और ये सारे पेड़ और वह
वही इस घर के छप्पर में आधी रात माचिस की तीली जलाता है
वही इस नदी के जल में छिपकर मगरमच्छ उतारता है
हरे-भरे खेत में छोड़ देता है लाखों कीट-पतंग
जड़ से उखाड़ फेंकता है फलों से भरे पेड़

प्यार से जिसे भी छुआ है
घृणा के अलावा किसी और चीज़ के लायक़ नहीं था कोई
समेट लिये है इसीलिए बेकार उठे दोनों हाथों को
वापस ले लिये हैं मैंने सपने की देह से—नीली तितली,
घास-फूस, और बेहिसाब सुख

इसीलिए लोग आँखें तरेरकर मुझे कहते हैं अयोग्य
यह भी एक अयोग्यता ही तो है,
मुझमें ही योग्यता नहीं गन्दे पानी में आकण्ठ डूब जाने की।

डुबाया आँखों के जल में

अब मेरा कौन है फणिमनसा के अलावा !
एक-दो मामूली कैक्टस के सिवा !
पुरखों के सन्दूक में कुछ तिलचट्टों के सिवा !

यह शहर, अगर इसे शहर कहूँ
अगर कहूँ ईंटों की सृष्टि, कौन इसके कोटर से
एक बार पुकारता है, कौन इसकी ख़ाल से
मांस से एक बार झाँकता है,
इसके अतल से उठकर
मेरा स्पर्श करता है भला कौन ?

एक सँकरी नदी के सिवाय कौन है मेरा यहाँ
उस कासवन को छोड़कर ?
कभी तुम थे–
तुम्हारे होने पर क्या ज़रूरत थी और किसी चीज़ की ?
क्या ज़रूरत थी ब्रह्माण्ड की ?
अब कौन है मेरा, मुझ अकेले के सिवा ?
कौन है मेरी दो अन्धी आँखों, और लकवाग्रस्त पैरों के सिवा ?
कौन है मेरा इन खाली हथेलियों के सिवाय ?

कभी तुम मेरे साथ थे
अब मेरी पहुँच से इतनी दूर रहते हो
कि कभी तुम्हें छू पाऊँ,
इसका भी कोई उपाय नहीं छोड़ा तुमने।

जितनी दूर जाओ

जितनी दूर जाओ, जाऊँगी
पीछे-पीछे भिक्षा का हाथ फैलाये
खड़ी रहूँगी ढीठ बनी
बचा-खुचा जो दोगे, वही खाऊँगी।

हिकारत पर भी कोई एतराज़ नहीं,
वह हिकारत भी तुम्हारी ही है
ले लूँगी सब
तुम्हारे छू देने पर अछूत को ईश्वर मानती हूँ कि नहीं !

नहीं रहा

आधी रात टेलीफोन बजने पर मेरी छाती काँप उठती है।
काँप उठती है दरवाज़े पर दस्तक होते ही
किसी को हाँफते-भागते देखकर काँप उठती है
ऐसा कोई जो बेहद ज़िन्दादिल था–चलता-बैठता था–अब नहीं रहा
मानो कोई ठहाके लगाते-लगाते अचानक नहीं रहा।
मानो कोई जिससे रहा आज मेरा मिलना तय था–वह नहीं।

'नहीं' शब्द छाती, कलेजे के मांस और पसलियों को चीरता हुआ
निःशब्द प्रलय ले आता है
मैं उसकी पूरी आग और अंगार को पहचानती हूँ
मैं दूर-दूर तक फैली उसकी शून्यता को जानती हूँ
मैं उसके सूने मैदान, अकेली नदी, दोनों किनारों को छूने वाले जल
और दुस्सह दुःख को जानती हूँ।

अचानक सामने किसी के इस तरह पथरा जाने पर मैं काँप उठती हूँ,
रात को कलेजा फाड़कर आती रुलाई, हवा की पीठ पर तैरती
इत्र और लोबान की गन्ध से काँप उठती हूँ।
लगता है, अभी कोई उसको जड़ से उखाड़कर
टहनियों-शाखाओं, फल-फूल समेत अचानक बेनिशान कर गया
रह गया सिर्फ़ उसके न रहने का घिनौना दाग़।

स्वाद

मेरा एक घर है
अपना।
अपने घर का स्वाद ही अलग है,
जब इच्छा हुई पैर फैलाकर सोने की, सो गयी
इच्छा हुई खुलकर गाने की, गाने लगी
इच्छा हुई खिलखिलाकर हँसने की–हँस पड़ी।
कोई कहनेवाला नहीं कि 'यह' नहीं 'वह'
कोई मेरे दिन-भर के 'जो जी में आये वही' के दौरान
नाक-आँख-मुँह बिचकानेवाला नहीं।
ऐसा कौन है, जो मेरे धुले फ़र्श पर धूल सने पैरों से चले,
किताब-कॉपी तितर-बितर करे, बिस्तर पर बिछी चादर पर
शरीर का दाग़ लगाये–कोई नहीं है।
मेरे दिन-भर के 'जो जी में आये सो' के बीच
अपनी टाँग घुसेड़ने वाला कोई नहीं।

अपने घर का स्वाद ही अलग है, अगर जी में आये
बिन नहाये, बिन खाये, तीन-तीन दिन गुज़ार देना है तो गुज़ार सकती हूँ
अगर इच्छा हुई दुनिया-जहान भूलकर
बिलख-बिलखकर रोने की,

रो लेती हूँ।
ऐसे में कोई निपट अनजाना आगे बढ़कर
यह कहे कि मत रोओ !
तब पता नहीं क्यों मेरे भीतर के कमरे में
उत्सव शुरू होता है सुख का,
घर का स्वाद भूलकर
मैं इस सुख के स्वाद में बहती रहती हूँ।

आशा-निराशा

इतना कुछ बजता है, शरीर के सारे रोयें-रेशे बज उठते हैं
बजता है तन मन के आँगन में सात फेरे लगाकर नाचनेवाला
अकेला नूपुर बजता है

भरी कलाई में बजते हैं चाँदी के कंगन।
रुनझुन बजती हैं खिड़की के काँच पर आषाढ़ी वर्षा की बूँदें,
बादल से बादल खाते हैं रगड़ और बिजली बज उठती है।
तीन ताल में बजता है स्वप्न
भीतर घोर ताण्डव करती निस्संगता बजती है।

इतना कुछ बजता है
दरवाज़े पर सिर्फ़ बजती नहीं स्थिर हुई एक कुण्डी।

शहरी जीवन

रोज़ाना नाश्ते की मेज़ पर आसमानी रंग की प्लेट में
दो पीस ब्रेड के बगल में ऐगपोच देखती रहती हूँ–
वही मेरा सूर्योदय देखना है।
पूरब के बरामदे में खड़ी होने पर
मुश्किल से देख पाती हूँ ऊँची बाल्कनी, पड़ोसियों के सिर।
देखती हूँ एंटेना, टेलीफोन और बिजली के तार,
और देखती हूँ अवैध कनेक्शन
झूलती हुई चमगादड़ देखती हूँ, सूर्योदय नहीं देखती।

आजकल सूर्यास्त को भी ढँक दिया है
ईंटों के तरह-तरह के निर्माण ने
सोडियम लाइट ने।

नगर में ऑटोरिक्शा, बस, टेम्पो और लोगों की भीड़ पार कर
एक तरफ़ संसद भवन, दूसरी तरफ़ सूत बनाने का कारखाना,
दक्खिन में गायों की हाट और उत्तर में 'हाड़भाँगा अस्पताल'
बीच में दीवारों से घिरी झील, झील में कम-से-कम आधी नदी।
शाम को झील के पानी में पाँव डुबाये अगर कोई
मेघना कहे तो मेघना,
यमुना कहे तो यमुना

अगर किसी क़ो ब्रह्मपत्र कहने का शौक़ हो तो वह ब्रह्मपुत्र का
ही जल है।

होगा भी क्यों नहीं ?
पानी पर क्या किसी नदी का नाम लिखा होता है ?

अकेलापन

ज़िधर दोनों आँखें जाती हैं, जाती हूँ
कौन है सामने, आकर स्थिर खड़ा हो जाये,
और अपने दोनों हाथ बढ़ाये !

इतनी जो बीमारी है सीने में
कौन है, जो दूर करे ?

प्रायश्चित्त

मैं अगर चतुर सुदर्शना हूँ
तो तुम एक भरेपूरे चाँद।
चोरी-छुपे देखने पर आकाश
पाती हूँ कि
चाँदनी में हृदय कैसा नाचता है ?

अगर तुम भरेपूरे एक चाँद हो
तो मैं तुम्हारा गहन आलिंगन,
तुम हो बेहद आलसी लापरवाह
एक दिन में करते हो तीन सौ पच्चीस व्रत।

मैं रहती हूँ धर्म से अन्यमनस्क
लोग इसका उल्टा अर्थ लगाते हैं
लोगों की जो इच्छा वही बोलें
उनसे बोलो, इससे किसी का कुछ होता है भला ?
तुमने क्यों कहा औरों की तरह
मैं एक चतुर सुदर्शना ?

फिर तो तुम भी वैसे ही एक आदमी हो
और किसी भी दूसरे पुरुष जैसे

भले ही तुम न देखो दोनों आँखें भरकर
बैठा है अमल धवल सुख
किसी एक सुदर्शना के कन्धे पर।
तब भी तुम एक भरेपूरे चाँद
नहीं, तुम नहीं हो औरों की तरह।

अगर मैं अँधेरे की लड़की हूँ
और मान लो मैं अँधेरे की ही लड़की हूँ
तो तुम्हारे पास उजाले की क्या कमी है ?

कुछ-न-कुछ

कुछ मर्द पेटू होते हैं
स्त्री को वे नरम गाय का मांस समझते हैं
समझते हैं आम का मुरब्बा,
समझते हैं उबला हुआ अण्डा, दूध से बना सन्देश।

कुछ बीमार मर्द
स्त्री को समझते हैं रोग-शोक,
सोचते हैं ठहरा हुआ जोहड़ मुर्दा जानवरों का मरघट
समझते हैं धरती की एक कमतर अकेली जान।

कुछ धर्मान्ध कायंर लोग
स्त्री को समझते हैं पसलियों की जूठन-हड्डी से बनी
अज़ीबोग़रीब चीज़।
जी बहलाने के लिए भोग की सामग्री।

धरती पर हमेशा फैला रहता है गू
हमेशा आती रहती है बदबू।

दूसरा जीवन

वरामदे में बैठे जूँ मारते हुए औरतों की शाम कट जाती है
ढिबरी जलाये बाल-बच्चे को खिला-सुलाकर कट जाता है
शाम के बाद का वक़्त।
बाक़ी वक़्त घर के मरदों के थप्पड़-लात के लिए बिछाये रहती हैं पीठ
या फिर अधनंगी होकर पड़ी रहती हैं चारपाई पर–

कौवे और स्त्रियाँ एक साथ भोर की शुरुआत करती हैं।
चूल्हा फूँकती,
पाँचों उँगलियों से सूप थपेड़ती
और दो उँगलियों से कंकड़ चुनती
चावल का कंकड़ चुनने में ही औरतों का
आधा जीवन बीत जाता है।

चुन-चुनकर कलेजे में जम जाता है कंकड़
कोई नहीं है, दो उँगलियों से स्पर्श करनेवाला…!

जुलूस

–घर पर तुम्हारे कौन-कौन है, बताओ ?
–बीमार बाप, माँ और कुल छह भाई-बहन।
–गोहाल में गाय ?
–नहीं है।
–कोई ज़मीन-जायदाद ?
–नहीं।
–भरपेट खाना जानते हो ?
–वह क्या चीज़ है ?
–रास्ते के जुलूस में जाओगे ? बहुत बड़ा जुलूस ?
–जुलूस मुझे भात देगा ? पिता के लिए दवा ?
–देगा।

जुलूस में सब करते हैं
दो जून भात की माँग।
सुख और चैन से
रात में नींद की माँग।

प्रगति की पृष्ठभूमि

जो आदमी दफ़्तर के सर्द कमरे में बैठा हुआ है
उसने जवानी में कम-से-कम
   दस कुँवारियों से बलात्कार किया है।
कॉक्टेल पार्टी में वह किसी सुन्दरी की
नाभि पर नजर गड़ाये मन-ही-मन कामार्त हो उठता है,
वह आदमी पाँच सितारा होटल में अक्सर
   अलग-अलग स्त्रियों की देह से ज़ायका बदलता है।
वह आदमी घर लौटकर बीवी को पीटता है
         एक रूमाल या
         शर्ट के कॉलर के लिए।
वह आदमी दफ़्तर में बैठकर लोगों से बातें करता है
         सिगरेट पीता है
         फाइलें छानता है
घण्टी बजाकर कर्मचारी को बुलाकर डाँट पिलाता है
         बेयरे से चाय मँगाता है, पीता है।
वह आदमी लोगों को चरित्र का प्रमाण-पत्र बाँटता है।

जो कर्मचारी दबी जुबान में बातें कर रहा है
जो नहीं जानता कि, वह कभी नहीं समझेगा
कितनी ऊँची आवाज़ में वह गरज सकता है घर में

उसकी जुबान कितनी बेहूदी हो सकती है
उसकी हरक़तें कितनी अश्लील हो सकती हैं।
वह यार-दोस्तों को जुटाकर सिनेमा का टिकट कटाता है
नुक्कड़ पर बैठ राजनीति और कला-साहित्य पर
गरमागरम बहस करता रहता है।

किसी एक ने आत्महत्या की है
उसकी माँ
या दादी
या फिर परदादी ने।
घर लौटकर वह पत्नी को पीटता है
एक साबुन के लिए या
बच्चे को निमोनिया हो जाने पर।

जो बेयरा चाय ला देता है
जेब में लाइटर रखता है
दो-चार रुपये बख़्शीस पाता है
उसने बाँझपन के कारण पहली बीवी को तलाक़ दे दिया है
लड़की पैदा करने की वज़ह से दूसरी को
और तीसरी बीवी को तलाक़ दिया है दहेज़ न लाने के कारण
वह चौथी बीवी को घर लौटकर पीटता है
दो कच्ची मिर्च या एक मुट्ठी भात के लिए।

पानी नहीं है

मेरे रोने पर ब्रह्मपुत्र अब और नहीं रोती
दिन-भर ब्रह्मपुत्र रेत के तकिये पर सिर रखकर सोती है,
सिर्फ़ सोती है।
उसकी नींद ऐसी है कि साल गुज़र जाता है
वह पलकें नहीं खोलती
अब मेरे रोने पर भी ब्रह्मपुत्र नहीं रोती।
पहले मेरी आँखों में आँसू आते तो ब्रह्मपुत्र की आँखें भर आती थीं
पहले मेरे सीने में हलचल उठती थी
तो ब्रह्मपुत्र तीर पर आ उलट-पलटकर पछाड़ें खाती थी
पहले मुझे नींद नहीं आती थी
तो ब्रह्मपुत्र बालों में उँगलियाँ फेर कर, आँचल झलती थी
और सारी रात सिरहाने बैठी, जागती रहती थी।

अब ब्रह्मपुत्र किसी की ओर मुड़कर नहीं देखती
किसी के मन में खुशी हो तो भला
ब्रह्मपुत्र का क्या आता-जाता है,
किसी की आँखों में आँसू हैं तो ब्रह्मपुत्र को क्या,
कोई मरता है तो मरे।

ब्रह्मपुत्र अब इतनी अकेली पड़ी है, शहर में उफनते लोग,

कोलाहल, दुख के एक-एक पत्थर, हाहाकार
ब्रह्मपुत्र फिर भी नहीं फिरती
किसी के लिए एक बूँद नहीं रोती।

पानी कहाँ है जो ब्रह्मपुत्र रोयेगी ?

आश्रय

[हालाँकि आदमी जाता है बेहिचक आदमी की ओर]

आदमी के पास नहीं,
अन्ततः मैं कला के पास ही लौटती हूँ
कला के आँगन में घास,
दोनों पैर फैलाकर देह मलने लायक।
कला का आँचल इतना बड़ा है
लेटी-लेटी अस्त-व्यस्त सोती रहती सारा दिन।

आदमी पर भरोसा नहीं
आज चूमेगा तो कल फेंक देगा दूर
आज दूर फेंककर सीने से लगा लेगा कल।

आदमी पर भरोसा नहीं
सम्पन्नता की टोकरी उलीच कर यही आदमी
वापस ले सकता है सब कुछ।
आदमी ही सुख देकर फिर दे सकता है अविराम दुःख।

ढूँढ़ते-ढूँढ़ते अन्त में कला के दरवाज़े पर दस्तक देती हूँ
कला के कन्धे पर रखती हूँ विश्वास की थकी हथेली।

नासमझ

किसी ने मुझे सपनों का मुट्ठी-भर चूरा दिया था
मैं नासमझ जीवन के जल में उसे घोलने गयी।
पानी में इतना कुछ घुल जाता है,
दुःख-सुख आसपास घुलते हैं।
मैं उसे इतना हिलाती-डुलाती और घोलती रही तब भी
सपनों का चूर्ण जीवन के जल में ज़रा नहीं घुला।
प्यार का चम्मच हिलाती मैं रात-दिन
घुलने का इन्तज़ार करती हूँ
लेकिन यह घुलता नहीं, मिलता नहीं।

कितनों ने दिया था, दिया था सतरंगी चूर्ण
घुलता नहीं, मिलता नहीं।

दरअसल सपनों का सारा चूर्ण किसी आखिरी शाम को
फूँक मार कर हवा में उड़ा देना ही बेहतर है।
हवा में खो जायेगा, शून्य आसमान देख
रह-रहकर होगा सुन्दर स्वप्न-मन्थन।

जीवन को महज मोटे तौर पर जीने के सिवा
ज़्यादा कुछ करने को नहीं है।
तीसरी दुनिया के एक अनाथ आदमी के बस में।

कल दुःस्वप्न के साथ

कल शाम के बाद बांग्ला अकादमी के मैदान में
दुःस्वप्न के साथ मुलाकात हुई।
दुःस्वप्न बादाम खा रहा था
यार-दोस्तों के साथ हँसी-मज़ाक़ कर रहा था
मैंने बादाम के एक-दो छिलके लिये
सोलह-गोटी खेलते-खेलते दुःस्वप्न की आँखों में झाँका
दुःस्वप्न की आँखों में गोधूलि का मटमैला रंग था

मेरी सपनीली आँखों में उस समय था–एक धुँधला आकाश
आकाश के माथे पर एक लाख चन्दन के टीके।
एकदम अचानक किसी की परवाह किये बिना
दोनों हाथों से मुझे जकड़ते-भींचते हुए
दुःस्वप्न ने उन्तालिस चुम्बन लिये गिन-गिनकर।

मस्त हवा में दुःस्वप्न के बाल उड़ रहे थे
कमीज़ के बटन थे खुले
चाँदनी की बारिश में नहाकर घर आयी आधी रात के बाद।
पूरे रास्ते मुहब्बत की बातें करते
दुःस्वप्न भी साथ आया।

यह दुःस्वप्न वड़ा वेशरम है
रात तो वीती ही, सारा दिन भी वीत गया
लेकिन उसने एक वार भी जाने का नाम नहीं लिया

कष्ट की कस्तूरी

कुछ ऐसे कष्ट हैं
कि ज़ख्म पर कोई मरहम नहीं लगता
किसी की देख-भाल नहीं, जतन नहीं
गाढ़ी ममता में जागी हुई रात नहीं
आवोहवा बदलने जैसी कोई वात नहीं
यूँ ही ठीक हो जाते हैं।

कुछ कष्ट हमेशा जलाते हैं
कुछ ऐसे हल्के होते हैं
कि फूँक मारकर उड़ा दिये जायँ
लेकिन कष्ट के सूक्ष्म शरीर में भी
आग की लपटें रहती हैं।

ऐसे सारे कष्ट
बरछी नहीं मारते
आँखें ही नहीं फोड़ते आपकी दोनों
जलाते-जलाते
दहकते अंगार में कर देते हैं तब्दील।

कुछ कष्ट ऐसे भी हैं

जो रात वीतने से पहले
हवा में घुल जाते हैं,
कुछ कष्ट घर कर जाते हैं
प्यार करते रह जाते हैं आजीवन

जी नहीं लगता

नदी-भर पानी, एक नदी-भर पानी लेकिन तैरना नहीं आता
तट पर ही मेरा जन्म, कर्म पानी का क्या जानूँ !
मुझे कुछ अच्छा नहीं लगता, अच्छा नहीं लगता

घर पर मेरा जी नहीं लगता, नहीं लगता है जी
मुझे कोई पुकारता नहीं।
हृदय बिछाये बैठी थी, किसी ने पुकारा नहीं—आओ
आओ यमुना, स्वर्ग चलेंगे, प्यार करेंगे—आओ

मैं समुद्र में डूब चुकी हूँ,
तैरना नहीं आता मुझे।

भेदभाव

हमारी बातें वे कहते थे, उनकी बातें हम
जिनका काम हमने नहीं किया, उन्होंने भी नहीं किया
जो हमारे नहीं, उनके नहीं, किसी के भी अपने नहीं
जो इन्द्रिय-सुख में डूबे हुए हैं, व्यस्त हैं उसमें
जो अपने लिए होते हैं वे खुद की बातें खुद करते हैं
जो उड़ रहे हैं, जो उतर रहे हैं, जो खेल रहे हैं दुनिया से
ये सब खेल वे लोग नहीं खेलते, न आता है हमें खेलना
हमारे पेट में है भूख,
गोल केंचुआ छाती में तपेदिक वाली खाँसी, दमा
उनके पाँवों में है नासूर उन्हें है मलेरिया बुख़ार और कोढ़
जिनको कोई रोग नहीं, कोई शोक नहीं, तन और मन में
जिनके साथ हमारी बराबरी नहीं वैभव और समृद्धि में
जिन्होंने घेरेबन्दी की है, उन्हें यह नाकेबन्दी ही निगल जायेगी
जो-जो आगे बढ़ते हैं उनका आगा-पीछा सब पहचाना है
हम सब और वे दूर हुए हैं, उनका पंजा हटाकर
हमारे पास नहीं, उनके पास भी नहीं, कुछ भी नहीं कानी कौड़ी
नहीं रहे न सही, हम सब–वे सब खुद को पा कर हैं तुष्ट।

ऐसे जीवन की चाह

ऐसे रहते हैं कुछ लोग
जिनके कोई घर नहीं होता, आँगन नहीं होता।

ऐसे भी रहते हैं कुछ लोग
कि शहर-भर मनुष्य,
लेकिन प्यार करने वाला एक आदमी नहीं जुटता।

क्या इस तरह नहीं रहते हैं कुछ लोग
जो ज़िन्दगी-भर पंछी और आकाश
मनुष्य और जंगल
समुद्र और शून्यता
देखते-देखते बूढ़े हो जाते हैं।

और उम्र बढ़ते-बढ़ते क्या ऐसा नहीं होता
कि ढह जाने के ठीक पहले
और एक जीवन जीने की चाह होती है।

ऐसा तो नहीं
कि नहीं होती
होती है।

प्यार

प्यार पा कर सिर्फ़
बैंगन का भुरता,
दो ठो मिर्च और भात
फुटपाथ पर रात
तब भी एक तृप्ति मिलती है जीने की।

प्यार पा कर
दो उँगलियों के बीच
ज़िन्दगी की अद्‌भुत सीटी बजायी जा सकती है
सीने में हाय !
बज उठता है अलौकिक सितार
बिना तार !

सोने की ज़ंजीर

जिसको मेरा जी चाहेगा उसको दूँगी दिल
पाँव में बेड़ी, हाथ हथकड़ी लेकिन दिल पर कोई ज़ंजीर नहीं
जो पहनाते हैं ज़ंजीर महज़ जानते हैं शरीर को
इस नाचीज़ पहचान से क्या कोई पहचान पाता है दिल को ?

और तो सब कुछ बन्दी रहता है, लेकिन दिल घूमता-फिरता है
इस कमरे से उस कमरे तक, आँगन से मैदान में
मैदान पार कर वन-जंगल में और नीले आसमान में
घूमता फिरता है
जो पहनाते हैं ज़ंजीर वे सिर्फ़ शरीर का स्वाद जानते हैं।

वे टटोलते हैं—देखते हैं—कोई दूजा स्वप्न तो नहीं
रोमकूपों के अन्तराल में
किसी दूसरे सुख की स्मृति शायद कह रही हो ठुड्डी
जो पहनाते हैं ज़ंजीर केवल वे शरीर पहचानते हैं
हाथ बढ़ाते ही मैं फैला दूँगी इस शरीर को
और भी उनके करीब।

शरीर खोलकर फैला दूँगी—लो, खेलो जैविक खेल
सौर मण्डल से पृथ्वी लाकर दूँगी उनके हाथ

लेकिन अपना हृदय क्यों देने लगी भला
मेरा हृदय अनमोल है

जिसको मेरा जी चाहेगा, उसको मैं दूँगी हृदय।

ज़िन्दा रहती हूँ

आदमी का चरित्र ही ऐसा है
बैठो तो कहेगा—नहीं, बैठो मत।
खड़े होओ तो कहेगा—यह क्या बात हुई, कहीं चलो भी
और चलो तो कहेगा—छिः, बैठो !

सोने पर भी टोकेगा—चलो उठो
न सोने पर भी चैन नहीं—थोड़ा तो सो लो।

उठा-बैठक करते-करते बर्बाद हो रहा वक़्त
अगर अभी मरने को हो जाऊँ तैयार तो कहेगा—ज़िन्दा रहो
पता नहीं कब ज़िन्दा होते देख बोल पड़ेगा—
छिः, मर जाओ।

बहुत डरते-डरते और
चुपके-चुपके ज़िन्दा रहती हूँ।

प्रफुल्ल का घर

हमारे घर से बिल्कुल सटा घर प्रफुल्ल का है
हमारे जामुन पेड़ के जामुन, बेल के फल
जब भी पेड़ से गिरते उन्हीं के घर गिरते
जाड़े की भोर में उनके हरसिंगार के फूलों से
हमारा आँगन भरा रहता और उनके आँवले
हमारे आँगन की घास में छिपे रहते चुपचाप।

एक बार मेरे दूर के रिश्ते के खालू या फूफा
हमारे घर घूमने आये
सारे घर में बड़े तीखे तेवर के साथ घूमते रहे और
शाम को किसी से बिना कुछ बोले-बतियाये
फलों से लदे दो पेड़ जड़ से कटवा डाले
वही जामुन और बेल के पेड़।

प्रफुल्ल के घर से हमारा कभी कोई झगड़ा-टण्टा नहीं रहा
उनके हरसिंगार के फूलों से अब भी हमारा आँगन भरा रहता है
अब भी आँवलों से।

और उस मकान में हमारी धूल-बालू के सिवा
और कुछ नहीं पहुँचता।

आँधी-तूफ़ान काम मन

आँधी आयी है, धूल उड़ रही है, तेज़ बारिश आयेगी
आँधी आयी है–पेड़-पौधे बदन मरोड़ते ऐंठकर
कहीं मानो बवण्डर बनकर उतर आएँगी मुसीबतें।

यह घटना है मेरे सीने में और कहीं नहीं।
दूसरी जगह सर्दी पड़ने से मेरी छाती में उठती है दाह
अगर मुझे पानी की प्यास हो तो डुबकी मार तैरते हैं वे
वे मेरे अपने नहीं, दोस्त भी नहीं है कोई।

और सभी खुशी में डूबे हैं, सिर्फ़ मुझे छोड़कर
मेरे साथ है सिर्फ़ शून्यता
और सभी हैं ताताथैया, मैं हूँ जड़ीभूत
मेरी आँखों में पानी धुन्ध, औरों की आँखों में चमक।

आँधी आयी है, बत्तियाँ बुझ रही हैं–मैं अँधेरे में अकेली खड़ी हूँ
दरवाज़ा खोल, खिड़की तोड़, दुःख उमड़ा आता है
अचानक मेरे रो उठने पर पास-पड़ोसी हँस पड़ते हैं
मैं खुद रोती हूँ और खुद ही जी को बहलाती हूँ।

निर्जन द्वीप

निर्जन द्वीप में फूल नहीं खिलता ?
बकुल, अड़हुल, सूर्यमुखी
या और कोई। मल्लिका तो
बिल्कुल ही नहीं ? निर्जन द्वीप में
सुबह तो होती है। कोयल यदि
न आये न सही, बगुला तो
बीच-बीच में आकर बबूल के पेड़ पर
एक बार बैठ ही जाता है।
इतने से ही काम चल जायेगा।

निर्जन द्वीप में हवा तो बहती है !
नमकीन हवा ! बाल उड़ाती,
बेकाबू बेलाग और अनमनी
रामप्रसादी गान[1] के एक-दो छन्द गुनगुनाती
मैं सूर्य को डूबते देख सकती हूँ।
निर्जन द्वीप पर सूर्यास्त होता है ?

निर्जन द्वीप पर बाजे बजते हैं ?
भीतर के कमरे से शाम को सुनायी पड़ते हैं
'उलूध्वनि'[2] के मंगल स्वर ?

---

1. गायन की एक शास्त्रीय शैली 2. मांगलिक अवसरों पर सुहागनों द्वारा की जाने वाली ध्वनि

दोनों किनारों तक फैला अथाह जल
निर्जन द्वीप पर वर्षा होती है ?
अलसायी दोपहरी की धूप में
एक अकेली कोकिल पुकार उठती है ?

निर्जन द्वीप के चौतरफ़ा जल का घेरा
इसे लाँघकर दस्यु के अलावा
कौन आ सकता है भला इतनी दूर ?
हमेशा सज्जन बनकर
पड़े रहे। इस बार तुम
मेरे घर इस सावन में
डाकू बनोगे ?

हवा में

यह जो मुग्धता का धागा अपनी उँगली में लपेट रही हूँ
वह सिर्फ़ एक कहानी का बहाना है। धागा फिर उल्टा घूमेगा।
मैं धागा-वागा नहीं रख सकती
उँगली में कैसा दाग़ पड़ जाता है।

उँगली को धागे की गोलाई में घुमाकर
फिर गोले से निकालकर दो-चार चक्कर रोशनी-हवा में
नचाकर समझा-बुझा लेती हूँ
उस झूठी मुग्धता की रस्सी खोल देने पर कितना आनन्द है
किसे नहीं अच्छा लगता हवा में उन्मुक्त तिरना।

जिन्होंने धागा लपेट रखा है उँगली में
वे केवल कसते ही जा रहे हैं हाथ, पाँव, गला···
केवल गाँठें लगा रहे हैं, और लपेटते जा रहे हैं।

क्या वे नहीं जानते
धागा दोनों ही तरफ़ घूमता है!

अवतरण

एक स्त्री अंततः एक स्त्री ही रह जाती है
पहले वह फुँफकारती है, टूटती है
दस नाखूनों से नोंचती है आरोपित रिवाज़ों का कॉलर।
तहस-नहस, उलट-पलट···
समाज की ज़ेबरा क्रॉसिंग की परवाह किये बगैर चलती है
दाएँ नहीं, बाएँ नहीं
पीछे नहीं, वह सामने बेख़ौफ़ होकर चलती है।

रास्ते में लोग एक साथ सीटी बजाते हैं,
फ़ुटपाथ पर भीड़ लग जाती है, छत की रेलिंग पर
छाती का भार दिये झुककर देखता है कोई,
कोई रोबीली औरत फटी-फटी आँखों से
परदा हटाकर खड़ी होती है
और एक-दो कुत्ते जीभ लपलपाते ठीक पीछे-पीछे चलते हैं।

तब वह बेहद नाराज़गी और बेचैनी से लगभग पागल होकर
ज़हरीले नाखूनों से नोंचने लगती है सामाजिक बुराइयों को,
लेकिन वही लड़की अंततः एक रमणी ही रह जाती है
वह भी कपड़े-लत्ते सहेजना-सजाना चाहती है
शाम की खीर में शौक़ से डालना चाहती है

दो-चार लौंग और इलायची।

एक दिन निषेध की बर्फ़ में
डुबाकर अपनी समूची आग
वह भी पालतू बन जाती है,
सुनार की दुकान से छिपकर गढ़ा लाती है
दो तोले का कंगन।

दो हिस्से में बँटी

वह तुम्हारा बाप, असल में वह तुम्हारा कोई नहीं
वह तुम्हारा भाई, असल में वह तुम्हारा कोई नहीं
वह तुम्हारी बहन, असल में वह तुम्हारी कोई नहीं
वह तुम्हारी माँ, असल में वह तुम्हारी कोई नहीं।
तुम अकेली हो।
जो तुम्हें दोस्त कहता है, वह भी तुम्हारा कोई नहीं।
तुम अकेली हो।

तुम अब रोओ, तुम्हारी उँगली
जो तुम्हारी आँखों का पानी पोंछ देती है
वही तुम्हारी रिश्तेदार है।
तुम जब चलती हो, तुम्हारे पाँव,
तुम जब बोलती हो, तुम्हारी जीभ,
तुम जब हँसती हो, तुम्हारी मुस्कराती आँखें ही तुम्हारी दोस्त हैं।

तुम्हारे सिवा तुम्हारा कोई नहीं
कोई जानदार या बेज़ान चीज़–
कोई नहीं।
और तुम जो इतना कहती हो कि तुम अपनी हो,
क्या तुम सचमुच अपनी हो ?

निवास

मेरे घर में मेरे सिवा भी कोई एक है
इस कमरे से उस कमरे तक घूमता है, मज़े से टहलता है
कन्धे के पास; तब महसूस होता है, कोई आ कर खड़ा हुआ
छाया-पथ के व्यक्ति को मन-ही-मन देखती हूँ।

किसको कैसा लगता है, नहीं जानती, मुझको डर लगता है।
शाम को घर की चौखट पर उतर आती है अमावस की रात
और न जाने कौन रोशनी की मानिन्द बेहद क़रीब आता है।
उसे नोंच फेंकने में खुद को एकबारगी पाती हूँ अवश
मुझे बहुत पहचाना भी लगता है, फिर नहीं पहचानती जो !

अकेले घर में निरन्तर दोनों का डेरा है
भागने पर पीछे से कोई इस तरह पुकार उठता है–
मानो जन्म-जन्म का नाता है,
अकुलाहट में लौट पड़ती हूँ,
मन नहीं करता कहीं जाने को, आधी रात को मैं
सन्नाटे के पैरों पर पछाड़ खा कर रोती हूँ।

जीभ

अब आदमी आदमी की तारीफ़ नहीं करता।
घर में कुत्ता पालता है, दो-तीन धूसर बिल्लियाँ
आदमी अब कुत्ते के नहाने-खाने
बिल्ली के नाम-धाम, आचार-व्यवहार की
भरपूर तारीफ़ करता है।

अब सूत और पाट, कोयले और काठ के बारे में
गहरी बहस में मशगूल हो जाता है आदमी।
फिर भी अच्छा है,
ईंट, पत्थर, काठ की तारीफ़ करके भी अगर
जीभ की फ़ितरत बदल जाये !

खेल / दो

भगवान से इन्सान खेलता है या इन्सान से भगवान !
इन्हीं दो सवालों के पोखर में कोई डूबता है, कोई तैरता है।
अच्छा तैरनेवाले भी कभी-कभी आधा जीवन बिता देते हैं पानी में।

पानी सिर्फ़ गँदला होता है, पूर्णिमा में हालाँकि वह लगता है
बेहद साफ़।
परेशान राहगीर आकर गँदले पानी को बिना किसी दुविधा के
दोनों हाथों से हिला जाते हैं
असल में आदमी अनजाने ही अपने संशय को अपनी बेचैनी में
हिलाता रहता है।

इस तरह 'भगवान-भगवान' का खेल कब से खेल रहा है इन्सान
वह खुद को भगवान के अधीन प्रचारित करता है
दरअसल बड़ी चालाकी से
इन्सान से खेलता है भगवान।
आँख नहीं, कान नहीं, कोई रंग नहीं
जकड़े हुए निश्चल भगवान प्रकृति के ग़लीचे पर बैठे रोते हैं।
आदमी का अदीठ रूमाल
निराकार ईश्वर की सात आँखें पोंछता है।

विषधर

दोमुँहे साँप से ज़्यादा ज़हरीला होता है दोमुँहा आदमी।
अगर साँप काटे तो
उसका कोई भी ज़हर समय से उतारा जा सकता है,
लेकिन आदमी के काटने पर किसी भी तरह
ज़हर उतारा नहीं जा सकता।

आधी रात की रोशनी

पीछे कुछ नहीं, पीछे है ख़ाली घर और खुला मैदान
पीछे है शून्यता, यादों के अँधेरे में तीन सौ तिलचट्टे
पीछे है, भूलचूक, पीछे है नाला-नहर, जिनमें तय है–गिरना
पीछे है क्रन्दन, पीछे कोई नहीं,
पीछे है अन्धे की तरह टोहना-टटोलना

सामने पा सकती हूँ, अगर सामने कुछ हो
अगर सामने रहे, सामने थोड़ा-बहुत
अगर सामने एक-दो पत्थर मिलें
तो मैं पत्थर में पत्थर से ही जला दूँगी आग।

आग भगायेगी साँप-बिच्छू
मैं पहचान लूँगी पेड़, पहचान लूँगी लता-पात
लेकिन सबसे अच्छा होगा
अगर मैं इन्सान को पहचान सकूँ।

बचा-खुचा

ज़िन्दगी का दो-तिहाई हिस्सा वंचना में गँवाकर
एक हिस्सा तुमको दे दिया।

जितना कुछ पाना था
भरे पानी में सुख की जितनी भी तैराकी थी
इतनी उम्र बीत गयी लेकिन मैंने उसकी दो-चार बूँद र्भ
क़सम से नहीं देखी।

बात यह थी
कि उँगली का स्पर्श पा कर एक दिन
पुष्पित देह के पराग की प्रबल वर्षा होगी
तय तो यही था
कि जीवन के सभी छत्ते मधु से भरे होंगे

कितना कुछ तय था, कितना कुछ होना था !
लेकिन हाथ की पहुँच में आते हैं तयशुदा बातों के भला कितने अंगूर ?
कुछ बातें जिन्दगी के तमाम ताने-बाने को तोड़कर कहीं
खो जाती हैं
तय था जंगल में तापेंगे आग
अब कहाँ जंगल और कहाँ आग

कहाँ शिरीष की छाँह और कहाँ शिशिर ?

कटी पतंग के साथ चला गया ज़िन्दगी का दो-तिहाई धागा
एक हिस्सा अब भी नहीं उड़ पाया

मेरी लटाई से एक हिस्सा धागा तुम हो
इसे आकाश में उड़ाओगे तेज उत्तरी हवा में
या कि उस धागे में लिपटकर खुद बन्धन में जकड़ डालोगे
—यह तुम्हारी मर्ज़ी।

यह लो, बिना शर्त अपने स्वप्न का एक हिस्सा तुमको दिया।

क़िस्सा गरमाहट का

एक कप चाय आने तक इन्तज़ार किया है
इन्तज़ार की भी तो एक सीमा है या उम्र।
मैं क्या अब भी स्कूल से भागनेवाली नटखट किशोरी हूँ ?
जो झाड़ियों में आख़िरी घण्टी तक खड़ी रहूँगी ?
मेरी आख़िरी घण्टी तो कब की बज गयी
घण्टी बजानेवाला अब सोने चला गया।

अब हज़ार क़िस्म की हैं मेरी परेशानियाँ
अब ज़्यादा से ज़्यादा एक कप चाय तक
किसी का कर सकती हूँ इन्तज़ार !

अब हालचाल पूछने के सिवा दो मिनट का भी वक़्त नहीं
फिर भी तुम्हारे लिए एक अकेली कुर्सी पर बैठे-बैठे
एक कप चाय तक इन्तज़ार करते-करते देखा है
इतनी ठण्डी चाय इससे पहले कभी मैंने नहीं पी।

ऐसा ठण्डा पंछी कब से पाल रखा था सीने के पिंजर में ?

दान

एक बार माँगकर देखो भीख
ये हाथ मेरे हाथ हैं,
इन हाथों में कभी अनाज के जूठे दाने नहीं उठते
देना हो तो मोहर ही दूँगी।

अरे भिखमंगो,
कुण्डी खटखटाते खड़े रहो इन्तज़ार में
कुण्डी खटखटाओ, कुण्डी खटखटाओ
ज़िन्दगी के हज़ार सालों की नींद
एक बार हो सके तो खोलो।
ये आँखें मेरी आँखें हैं, इन आँखों से ज़्यादा नीला
भला दूसरा आकाश कहाँ ?
तुम्हें मोहर दूँगी
डरो मत।

भीख चाहते हो तो माँग कर देखो
मैं और चाहे जो भी कर पाऊँ
एक बार दोनों हाथ बढ़ाने पर
इन्हें वापस नहीं कर सकती।

जिसे जाना है···(वह तो जायेगा ही)

प्रतिदिन दक्षिण-पश्चिम दिशा से सलेटी रंग की पोशाक
पहनकर स्वप्न घूमने आता है
दो-एक छोटी-मोटी बातें कर चला जाता है,
ज़्यादा देर तक कहीं ठहरता नहीं।

मैं उसका हालचाल पूछती हूँ
वह अपनी तर्जनी हिलाकर
गुलाब की पंखुड़ियों से दो-एक बूँद ओस झराता है।

ओस में दोनों हाथ भिगोये अनजाने ही वह घेरा तोड़ भाग जाता है
उसके नाम का हुलिया झूल रहा है आज अट्ठारह सालों से
इस शहर को छोड़कर स्वप्न आज आधी रात उत्तर की ओर भागेगा।

सुना है, इस बार वह भागेगा–जंगल की तरफ़ ?

प्रलाप

कभी किसी दिन समुद्र के पास जा कर एक घर बनाऊँगी
और कभी जी में आता है कि पहाड़ के पास।

ऐसे एकाकी निर्वासन के आकाश से टपकती है शून्यता
कुहासे के उतरने पर अथाह जल में भीग-भीगकर
मैं ले आऊँगी कँपकँपी वाला बुखार।

मुझे न सही, तुम देखने आना मेरा बुखार
लोग बीमार को देखने भी तो आते हैं।

प्रेम कण

एक

दरअसल आदमी अकेला है
कोई कितना ही कहे कि वह साथ है,
दरअसल वह झूठी तसल्ली है
साथ कोई नहीं रहता
ज़रूरत पड़ने पर आदमी का तो सवाल ही नहीं
जानवर भी पास नहीं फटकता।

दो

ठीक है, ठीक है
मुझे अकेला छोड़कर
जहाँ भी जाओ तुम
कोई-न-कोई दिशा ज़रूर होगी
ठीक है, ठीक है।

तीन

प्यार करती हूँ
यह सुनकर उसकी हँसी और खुशी के क्या कहने!
हृदय के चूल्हे पर चढ़ाकर
हर रोज़ अनाज-मसाला
अलग-अलग ज़ायके वाला प्यार तैयार होता है।
प्यार क्या कभी बासी होता है?

साँवरे सलोने

तुम्हें देखकर
जी करता है शुरू से शुरू करूँ अपनी ज़िन्दगी।
तुम्हें देखकर
जी करता है मर जाऊँ, मरकर पुण्य-जल बनूँ
कभी प्यास लगने पर अगर तुम कभी उस जल को छू कर देखो।

अपना आकाश सौंप दूँगी–
तुम धूप, बारिश–जब जो जी में आये खुशी से ले लेना
तुम्हारी समूची अनिद्रा में भर दूँगी मैं अपना मार्फिन।

बारह बरस लम्बी एक रात दे देना
तुम्हें देखने के लिए।
तुम तो चाँद से बढ़कर चाँद हो
तुम्हारी चाँदनी का ऊँचा जूड़ा बनाकर
माँग में सिंदूर डालकर एक दिन खूब सजूँगी रमणी बनकर

तुम्हें देखकर
मन करता है मर जाऊँ। तुम्हारी आग
अगर मेरी मुखाग्नि बने तो मैं मरकर स्वर्ग जाऊँगी।

नीलकण्ठ नारी

पीने के लिए मैं जो भी पात्र चुनती हूँ
उसमें होता है ज़हर, लेकिन पास ही
नासपाती का मधुर रस, अनार और अंगूर का बादामी शरबत।
हमेशा मैं रंग देखकर ग़लती कर बैठती हूँ
जो रंग ज़्यादा चमकीला होता है
उसके मोह में तुरन्त झुक जाती हूँ मैं
और पाती हूँ, कण्ठ से होकर उतरता है गरल।

यह मेरी व्यर्थता है कि
सौ गुलाबों के बीच से भी मैं हाथ में उठा लेती हूँ
कनेर के पीले फूल।

बाहर-भीतर

मैं जानती हूँ या शायद सही तौर पर नहीं जानती
कि मैं किस की उम्मीद में बैठी रहती हूँ।
एक दिन बहुत सुबह दरवाज़ा खोलकर बाहर खड़ी थी–
सूरज की रोशनी का अचानक ताप लगने पर मुझे लगा
मैं इन्तज़ार कर रही हूँ किसी का।
क्या मैं सचमुच किसी का इन्तज़ार कर रही थी
किसी आदमी या किसी चीज़ का ?

दरअसल मैं किसी वस्तु या व्यक्ति का नहीं–
इन्तज़ार करती हूँ स्वप्न का
इसीलिए अपने ही मन की भूलभुलैया में
दरवाज़ा खोलकर खड़ी हो जाती हूँ
कोई तो आयेगा, ऐसा लगता है–
मानो किसी का आना एकदम तय है

स्वप्न तो पैदल चलकर नहीं आता, उड़कर भी नहीं
तो क्या स्वप्न खुला मैदान पार कर या चौखट-लाँघकर आता है–
जो मैं दिन-रात दरवाज़े की दस्तक सुनकर चौंक-चौंक उठती हूँ ?

दरअसल मैं अपनी छाती के भीतर कोई अनजानी आवाज़ सुनती हूँ

कभी-कभी लगता है वह बहुत दूर से आ रही है,
फिर लगता है
मेरे अन्तर के घर में ही बजता है एक अदीठ तानपूरा।

मैं समझ पाती हूँ या फिर सही तौर पर समझ नहीं पाती
कि कौन मुझे हमेशा रुलाता रहता है।

आग

वह मेरा पति है, शब्दकोश बताता है कि वह मेरा
कर्ता, प्रभु, अधिपति आदि-आदि है
और समाज स्वीकारता है वह मेरा है अनन्य ईश्वर।

मेरा निकम्मा पति सीख गया है
अधिकार के प्रचलित नियम-क़ानून।
वह बहुत चाहता है जाना सितारों के चमकते
रास्ते से होकर झिलमिलाते बहिश्त के देश में
चाहता है फल-फूल, रंगीन पेय और ज़ायकेदार पकवान
वह बहुत चाहता है
चबाने, चूसने और चाहने के लिए बनी–गोरी हूरों की चिकनी देह
मेरे माथे पर और कुछ लिखा नहीं सिवा बदकिस्मती के
इस जन्म के चूल्हे में काठ-कूट झोंककर गुज़ार रही हूँ
अपनी सामाजिक आयु
और उस जन्म में बूढ़े पति को देखती हूँ सतहत्तर संभोगों
और आमोद-प्रमोद में उल्लसित।

मैं अकेली, बहिश्त के खुशनुमा उद्यान में अकेली पड़ी
मन-ही-मन दोज़ख की अनन्त आग में जलती एक सती साध्वी नारी–
पुरुष की अन्धी अश्लीलता देख रही हूँ।

लड़की चाहिए ?

लड़की चाहिए लड़की ?
किसिम-किसिम की लड़की,
गोरी लड़की, लम्बी लड़की, घुटने तक लम्बे बालों वाली लड़की
कमर है पतली, कैसा बदन है, मांस है, गूदा है
नहीं लगेगा तेल-नमक, उसकी खाल में ज़रा-सी सिकुड़न नहीं पड़ती
देख लो।
नाक में छेद, कान में छेद, कैसी ज़ोरदार तैयारी है
उँगली से दबाकर जाँच-परख लो और कोई खोट नहीं
अभी इसके यौनांगों पर हाथ नहीं पड़ा, जल नहीं पड़ा, इस लड़की को किसी ने नहीं सूँघा
लड़की चाहिए—लड़की ?

बस, तीन बार अच्छा-अच्छा खाना डाल देना मुँह में
साड़ी-कपड़े-गहने देना, देना बढ़िया साबुन।
झुकी नज़र है, आवाज़ है धीमी, लाजवन्ती लड़की।
एक बार में पका सकती है सात स्वाद के व्यंजन।

मन मर्ज़ी इस्तेमाल की चीज़ है औरत
इच्छा हो तो हाथ-पाँव को, मन को रखो ज़ंजीर में
चाहो तो दे सकते हो तलाक़
देना—कहना देना तलाक !

अभागिन

सिकुड़ी-सिमटी रहती माघ की रात में मैं एक विवस्त्र लड़की
समेटे रखती हूँ हाथ की कोमल उँगलियाँ हाथ में।
एक शाम आकाश से गिरे स्वप्न को मुट्ठी में लिये
दौड़ती नाचती. फिरी थी सारा आँगन,
गाने के उल्लसित बहाव में तैरती रही थी छत पर।

जीवन बह गया बेरोक-टोक पानी की तरह
आँखों में रह गये धूसर किनारे,
गोद में खेलती-खिलखिलाती नदी
कमरे में अकेली अँधेरे में सिमटी रहती डरकर
मुट्ठी खुलने पर खो न जाएँ सपने कहीं।

हो सकता है तभी भेंट हो !

पुकारने पर भी जब नहीं आते
तो एक लाइलाज़ बीमारी में एक दिन बिस्तर पकड़ लूँगी–
ख़बर पाते ही, जानती हूँ, कागज़ों के जंगल में ढूँढ़ोगे पासपोर्ट
पा कर, धूल झाड़कर वीज़ा-दफ्तर दौड़ोगे
टिकट कटाओगे
उलझाये रखनेवाली व्यस्तताओं को
महानगर की हवा में रुई की तरह उड़ाकर,
सारी गुत्थियों को एक किनारे कर
पहली उड़ान से तुम उतरोगे यहाँ
इस बेतरतीब फैले ढाका शहर में।

देखोगे लाल ग़लीचा बिछा हुआ है घर की सीढ़ी पर
घर में घुसते ही पाओगे गन्ध न उतरनेवाले बुखार की, दवा की
अगर छाती भर कर साँस लोगे
और भी एक गन्ध मिलेगी थोड़ी-थोड़ी अचीन्हे प्यार की।

कठिन बीमारी हो
या हाथ-पाँव कट जायें ट्रक के नीचें
लीवर में लगे राइफ़ल की गोली,
बेकार हो जाये किडनी,

लक़वा या ब्लड कैंसर
कोई भी बीमारी अपना लूँगी अगर तुम आ जाओ
अगर एक बार हाथ रखो बिखरे बालों और माथे पर
पास बैठकर प्यार से छू सको कमज़ोर हाथ को
दूर होगा असाध्य रोग, मन ही मन स्वस्थ हो जाऊँगी, खड़ी हो जाऊँगी
चलने लगूँगी और खिड़की की नीली छाँह में देखूँगी आकाश।

इतनी बीमारी में भी पत्थर न पिघले अगर
फिर तो मौत का आना ही होगा बेहतर
मेरी मौत पर मुखाग्नि देने तो तुम्हें आना ही होगा।
काँपती उँगलियों से मेरी खुली आँखें ढँक देना
चिता जलाने तक–तुम क्या आकर न रह सकोगे ?

अवगाहन

मुझे भला क्या ज़रूरत किसी चीज़ की
अगर तुम्हें पा लूँ
जी करता है पैरों के पास आ कर ठहर जाये शीतल नदी
और मैं खो जाऊँ।

जल में तैरना

प्यार के जल में तैरने की बात पर
मैंने तुम से खुद कहा था आगे बढ़कर
तुमने कहा, "सरदी लगेगी, भीगने से क्या लाभ !
इससे अच्छा है दो मुझे अपनी कोमल देह का स्वाद।"

बरसों तक स्वाद और गन्ध बाँटकर धोखा खाती रही
प्यार के जल में तैरने का स्वप्न गया डूब
पतवार थी, नाव थी, और पाल में हवा भी थी
लेकिन मैं अभागिन किनारे पर बैठी जीवन ठेलती गयी।

दुविधाहीन

एक नदी-भर पानी है, मैं उतरूँगी
भले ही न आता हो तैरना
साठ साल में प्रेमासक्त हो सकते हैं मर्द
प्रेम में मैं उम्र का कोई बन्धन नहीं मानती।

शर्त

सिर्फ़ हृदय को लेकर बैठे रहना
यह तो मुझसे नहीं चलेगा
मैं तुम्हें निचोड़ कर सारांश चाहती हूँ
तमाम स्वाद लेना चाहती हूँ

चुका दे, जो कुछ जमा है
देह की देनदारी दे जा !

सीधा रास्ता

अगर इच्छा है प्रेम में पड़ने की तो पड़ो
देखो मैंने बढ़ा दिये हैं दोनों हाथ
अगर इच्छा हो इसे थाम लो।

वक़्त नहीं है खड़ी रहूँ मैं राह में
समेट लेने ही हों हाथ
और अगर नहीं मिले मन की बात;
तो सामने से हट जाओ।

कम्पन

कहते हैं–तीस बरस में घटने लगता है
मुहब्बत का शीत।
लेकिन मैं देख रही हूँ तीस के ऊपर देह विपरीत।

□□□